SARA WRAGGE

Dein neues Selbstbild

Der Weg zu mehr Bewusstsein, Selbstvertrauen und innerer Stärke

IRISIANA

Penguin Random House Verlagsgruppe FSC® N001967

1. Auflage
Satz: Uhl + Massopust, Aalen
Herstellung: Franziska Polenz
Projektleitung: Inga Heckmann
Lektorat: Ulrike Schöber
Umschlaggestaltung: OH JA!, München,
unter Verwendung eines Motivs von © Shutterstock/Tusumaru
Bildnachweis Illustration S. 216:©Shutterstock/kusumai
Druck und Bindung: GGP Media GmbH, Pößneck
Printed in Germany
ISBN 978-3-424-15462-7

Inhalt

Willkommen

Stell dir ein Kaleidoskop vor, ein wundersames Instrument, das mit jeder Drehung neue Muster und Farben offenbart. Ähnlich verhält es sich mit unserem Selbstbild: Es ist aus den vielfältigen Erfahrungen, Begegnungen und Erinnerungen unseres Lebens zusammengesetzt. Doch oft betrachten wir uns nur durch eine einzige Linse und aus einer begrenzten Perspektive. Wir verändern unseren Blick nicht, wie es beim Kaleidoskop geschieht, um andere Facetten von uns wahrzunehmen. So entgeht uns vieles von dem, was ebenso Teil von uns ist.

Zwischen allen Widersprüchlichkeiten in uns – der Größe unseres Lebens und dessen Bedeutungslosigkeit im Hinblick auf die Unendlichkeit – steht jedem eine Welt offen, die es zu entdecken gilt. Fragen geben Raum für Antworten. Manche davon bringen uns ein Stück näher zu uns selbst.

Ich bin mir sicher, dass wir unserer Umwelt durch Selbsterkenntnis einen »Mehrwert« bieten. Indem wir uns selbst sehen, sehen wir andere. Indem wir mit uns fühlen, können wir mit anderen fühlen. Indem wir mit uns im Kontakt sind, können wir näher im Kontakt mit anderen sein. Schaffen wir es, unverstandene abgelehnte Anteile in uns zu heilen und weniger auf andere zu projizieren, leisten wir der Gesellschaft einen großen Dienst.

Dieses Buch lädt dich dazu ein, dein Selbstbild zu betrachten und zu erforschen. Es hilft dir, die Muster und Farben zu erkunden, die dich einzigartig machen, und begleitet dich dabei, deine individuellen Stärken zu erkennen.

Das »wahre« Ich werden wir nicht erschließen können, aber um uns selbst näher zu kommen, sollten wir infrage stellen, welche Überzeugungen und Verhaltensmuster wir seit der Geburt entwickelt haben, mit denen wir uns identifizieren. Die Antworten, die daraus entstehen, kann dir niemand anderes geben als du dir selbst. Dieses Buch ist kein klassischer Ratgeber, denn ich bin davon überzeugt, dass du alle Antworten bereits in dir hast, nach denen du suchst. Ich habe viele Übungen, Interventionen, Gedanken und Fragen zusammengetragen, die dich auf dem Weg dorthin unterstützen können. So findest du in allen Kapiteln Übungen aus Positiver Psychologie, Coaching und Achtsamkeit, die dich auf eine Reise in dein Inneres einladen.

Am besten nutzt du dieses Buch in Verbindung mit einem Notizbuch. So kannst du deine Gedanken zu den Übungen und Reflexionsfragen aufs Papier bringen, um deine Erkenntnisse tiefer zu verankern. Sieh es als Leitfaden, um dein Leben erfüllter zu gestalten und mehr Selbstbewusstsein zu erlangen. Vielleicht kann es sogar ein Katalysator für dein persönliches Wachstum sein. Jedes Kapitel ist als ein Schritt auf deinem Weg zu sehen, auf dem es nicht darum geht, dich zu optimieren, sondern eher darum, dich selbst zu verstehen und kennenzulernen. Denn in dir findet eine fortwährende Kommunikation statt, der du aufmerksam zuhören solltest: Sie gibt Auskunft über deine innere Welt.

Ich möchte darauf hinweisen, dass alle Übungen auf eigene Verantwortung durchgeführt werden. Solltest du dich aktuell in einer Therapie befinden, besprich unbedingt im Vorfeld mit deiner Therapeutin oder deinem Therapeuten, ob das Buch konstruktiv für den Stand eurer gemeinsamen Arbeit ist. Ich stelle hier zwar Strategien vor, die dir helfen sollen, dich zu verstehen und zu stärken, aber das Buch ersetzt keine therapeutischen oder medizinischen Maßnahmen. Da ich an deine Stärke und Handlungsmacht glaube, bin ich mir sicher, dass du gut für dich sorgst und mitfühlend mit dir umgehst.

Jetzt wünsche ich dir viel Spaß beim Lesen.

Deine Sara Wragge

Einleitung

In Wirklichkeit aber ist kein Ich, auch nicht das naivste, eine Einheit, sondern eine höchst vielfältige Welt, ein kleiner Sternenhimmel, ein Chaos von Formen, Stufen und Zuständen, von Erbschaften und Möglichkeiten.
Hermann Hesse

Wenn jede Erfahrung uns prägt, wenn unsere Vergangenheit uns zu dem Menschen macht, der wir heute sind, und wenn die Gesellschaft definiert, was wir sein sollen und was nicht, wie viel von unserer Gegenwart und Zukunft liegt tatsächlich in unserer Macht? Wie erschaffen manche Menschen aus den schwierigsten Lebenssituationen heraus einen unerschütterlichen Glauben an sich? Warum gibt es so unterschiedliche Arten, mit Schicksalsschlägen umzugehen? Wieso können Realitäten und Wahrnehmungen so unterschiedlich ausfallen wie ihre Betrachter?

Ich habe mich schon früh für die Beweggründe menschlichen Verhaltens interessiert. Wie jedes Kind liebte ich Geschichten, aber vor allem Poesie. Als ich zwölf Jahre alt war, schenkte mir mein Vater einen Gedichtband von Hermann Hesse. So unwissend ich damals gegenüber den dort beschriebenen Schmerzen war, umso heftiger trafen sie mich sechs Jahre später, als ich bei einem Unfall meinen Bruder verlor. Tränen tropften auf die Buchseiten, die ich damals mit Eselsohren versah. So befreit und unbeschwert meine Kindheit und Jugend war, so schlagartig endete sie mit meiner Volljährigkeit.

Wir alle müssen uns früher oder später mit der Sterblichkeit auseinandersetzen. Je näher sie uns kommt, desto mehr verändert sie in uns. Aber warum reicht allein das Wissen um unsere Vergänglichkeit nicht aus, unser Leben so zu leben, wie wir es uns eigentlich wünschen? Ich habe mir irgendwann ein inneres Versprechen gegeben: Ich möchte meine Vergangenheit und meine Unsicherheiten nicht darüber bestimmen lassen, wie ich mein Leben zu leben wünsche. Ich lernte meine innere Kraft kennen, ich erkannte das, was mich stärkt, und das, was mich schwächt. Genauer: Welche Gedanken und inneren Haltungen dies sind und wie ich mit ihnen umgehen kann.

Meine Beschäftigung mit den Ursprüngen meiner Innenwelt hat auch den Wunsch nach dem Gegenwärtigen geweckt. Welche Möglichkeiten haben wir, um unser Leben im Hier und Jetzt zu bereichern? Ich verstand, dass ein glückliches Leben nicht ein schmerzfreies Leben ist. Es beinhaltet eher die Fähigkeit, den Schmerz zu spüren und zu lernen, mit ihm umzugehen, sowie zu wissen, was mir wichtig ist und wann es mir gut geht.

So kam ich zu dem, was ich heute mache und liebe.

Die Positive Psychologie

Jeder Mensch hat das Potenzial, sein Leben zu verbessern und seine positiven Eigenschaften und Ressourcen zu nutzen. Die Wissenschaft der Positiven Psychologie arbeitet mit fundierten Konzepten, Denkansätzen und Übungen. Es geht ihr nicht darum, unangenehme Erfahrungen und Emotionen zu verleugnen, ganz im Gegenteil: Sie zeigt uns, wie wir mit diesen umgehen können. Die Idee, wir kämen an unangenehmen Gefühlen vorbei, ist angesichts der Realitäten des Lebens illusionär und sinnlos. Was wir zum Glücklichsein brauchen, ist nicht ausschließlich Positives zu erfahren, sondern auch den richtigen Umgang mit allen Schwierigkeiten zu erlernen. Die psychologische Forschung beobachtet seit Jahren, dass die Wahrscheinlichkeit zunehmend höher wird, im Laufe des Lebens an einer schweren Depression zu erkranken. Obwohl unsere Grundbedürfnisse in der westlichen Welt größtenteils erfüllt werden und der Gesellschaft noch nie zuvor so viel Reichtum, Ressourcen und Bildung zur Verfügung standen, waren wir noch nie so unglücklich wie heute. Je mehr wir im Außen haben, desto mehr Leere scheinen wir im Inneren zu empfinden. Daran wird deutlich, dass ein erfülltes Leben nicht so sehr von externen Faktoren abhängt, wie es viele Menschen glauben.

Was wir zum Aufblühen brauchen

Die Positive Psychologie entstand angesichts dieser Diskrepanz und stellt die Frage, was das Leben lebenswert macht. Besonders der US-amerikanische Psychologe Prof. Dr. Martin E. P. Seligman, der 1998 als ihr neuer Präsident die Antrittsrede vor den Mitgliedern der *American Psychological Association* hielt, gilt als einer der Pioniere der Positiven Psychologie. Nach all den Jahrzehnten, in denen die Psychologie sich vor allem damit beschäftigte, Krankheiten zu heilen, verwies er auf den vernachlässigten Aspekt, was Menschen zu einem glücklichen und erfüllten Leben verhilft. Damit setzte er auf eine neue Ausrichtung in der Psychologie und beschäftigte sich in umfangreichen Studien mit der Frage, was den Menschen langfristig blühen und gedeihen lässt. Wobei das Ziel der Positiven Psychologie nicht nur auf der Förderung des Aufblühens des Einzelnen liegt, sondern auch auf dem der gesamten Gesellschaft. Seligman spricht dabei als *Flourishing* (englisch für »aufblühen«) von dem Zustand, in dem wir unser Potenzial realisieren und gleichzeitig ein hohes Maß an mentaler Gesundheit und psychischem Wohlbefinden erleben. Da es kein allgemeingültiges Konzept von Glück und Wohlbefinden gibt, liegt die Konzentration auf dem Verstehen und Fördern der individuellen Stärken und Ressourcen des Einzelnen. Seligman entwickelte aus seinen Erkenntnissen die Theorie des sogenannten PERMA-Modells, dessen einzelne Faktoren durch die wissenschaftliche Forschung bestätigt sind. Es besteht aus den Akronymen:

P = Positive Emotionen
E = Engagement (Stärken nutzen)
R = Relationships (Beziehungen)
M = Meaning (Sinn)
A = Accomplishment (Errungenschaften)

Diese fünf Faktoren bestimmen unser Wohlbefinden, sie hängen eng zusammen und unterstützen sich gegenseitig. Die Antworten, die jeder von uns darin finden kann, führen uns auf den Weg zur Zufriedenheit. Das PERMA-Modell ist das Wissen darüber, was uns stärkt, wie wir schwierige Lebensphasen und Herausforderungen meistern und einen Sinn im Leben finden. Einige der Elemente können nur subjektiv durch Selbsteinschätzung gemessen werden, andere hingegen sind objektiv messbar. Im Laufe des Buches gehe ich auf die einzelnen Punkte näher ein. An dieser Stelle erläutere ich sie einmal kurz:

P – Positive Emotionen

Das Erleben positiver Emotionen ist ein essenzieller Faktor für unser Wohlbefinden. Dafür können wir sogar aktiv sorgen. Die US-amerikanische Psychologin Barbara Fredrickson definiert zehn positive Emotionen, die besonders stark auf uns wirken und uns am meisten prägen: Freude, Dankbarkeit, Gelassenheit, Interesse, Hoffnung, Stolz, Inspiration, Vergnügen, Ehrfurcht und Liebe.

E – Engagement

Unsere persönlichen Stärken richtig einzusetzen, ermöglicht uns ein sinnerfülltes Leben. Es geht darum zu tun, was uns leichtfällt und woran wir Freude haben, denn dadurch werden positive Emotionen verstärkt.

R – Relationships (Beziehungen)

Wir brauchen positive Beziehungen und soziale Anerkennung. Menschen, denen wir vertrauen können und die uns guttun. Egal, ob es sich dabei um PartnerInnen, Familie oder FreundInnen handelt.

M – Meaning (Sinn)

Nach unseren Werten zu leben und Sinnhaftigkeit in dem, was wir tun, zu erleben, ist von großer Bedeutung. Genauso ist es wichtig, für sich einzustehen und sich für das einzusetzen, was uns im Leben wichtig ist.

A – Accomplishment (Errungenschaften)

Ziele im Leben definieren zu können und diese auch zu erreichen ist wichtig, um Selbstwirksamkeit und Freude zu erfahren. Gleichzeitig stärkt es unser Selbstvertrauen.

Dein Selbstbild

Selbstwahrnehmung und Grundüberzeugungen

Unser Leben hält viele Überraschungen bereit. Neben aller Freude und allem Glück begegnen jedem von uns auch Trauer und Schmerz. Neben allem Fortkommen erleben wir Rückschläge. Neben aller Hoffnung auch Enttäuschung. Aber wir sind es, die einen Weg wählen können, der uns zu einem förderlichen Umgang mit diesen angenehmen und unangenehmen Überraschungen verhilft. Obwohl wir uns dieser Freiheit bewusst sind, haben wir manchmal Schwierigkeiten, den besten Weg zu erkennen. Dabei geht es nicht nur um die großen Entscheidungen des Lebens, sondern auch um all die kleinen Weichen, die wir alltäglich stellen. Die Antworten, um zu verstehen, was uns bei den kleinen und großen Entscheidungen lenkt, liegen in uns. Je gründlicher wir unsere inneren Missverständnisse aus dem Weg räumen, desto klarer wird uns der nächste Schritt werden.

Hinter dem Begriff Selbstbild verbirgt sich die Art und Weise, wie wir uns selbst wahrnehmen und einschätzen. Darin offenbart sich alles, was wir über uns zu wissen glauben. Es umfasst alle selbstbeschreibenden und selbstdefinierenden Aspekte der Vergangenheit, Gegenwart und Zukunft und stellt damit unsere umfassende Vorstellung von uns selbst dar. Unser gesamtes Leben ordnet und orientiert sich danach. Das Selbstbild setzt sich aus verschiedenen Aspekten zusammen, wie zum Beispiel Identität, Persönlichkeit, Fähigkeiten und Erfahrungen, Beziehungen zu anderen Menschen, Erfolge und Misserfolge, physisches Erscheinungsbild und soziale Rollen. Wenn wir über uns selbst hinauswachsen wollen, ist es von großer Bedeutung, unsere gewohnten Denk- und Verhaltensmuster zu erkennen und unsere festgefahrenen und gewohnten Annahmen über uns selbst zu hinterfragen.

Unbewusste Überzeugungen und Verhalten

Alfred Adler, der Begründer der Individualpsychologie, stellte fest, dass es so viele Lebensstile gibt, wie es Menschen gibt. Darüber hinaus sagte er: »Nicht die Tatsachen bestimmen unser Leben, sondern wie wir sie deuten.« Jeder Einzelne funktioniert auf seine ureigene Art und Weise. Was bei dem einen auf Zustimmung trifft, löst bei manch anderem Widerstand aus. Etwas, das uns unlogisch, übertrieben oder unangemessen erscheint, hat für jemand anderen eine ganz eigene innere Logik. Das ist der Grund, weshalb wir manchmal nicht nachvollziehen können, warum jemand sich so fühlt oder verhält, wie er es eben tut. Manch einer zieht sich beispielsweise aufgrund verletzter Gefühle zurück und wird still, während eine andere Person in der gleichen Situation vor Wut schäumt und dies zum Ausdruck bringt, indem sie angreift. Was uns dabei lenkt, sind erlernte Verhaltensstrategien, die auf meist unbewussten Überzeugungen beruhen.

Überzeugungen beeinflussen unser Leben

Zum Zeitpunkt unserer Geburt sind wir frei von Überzeugungen und Annahmen. Um jedoch unser Überleben zu sichern, müssen wir verstehen, wie das Leben funktioniert und wie wir uns unseren Platz in der Welt sichern können. Im Laufe der Jahre bilden sich Konzepte, die uns helfen, uns das zu erklären, was wir um uns herum erleben. Wir lernen unseren Wert kennen und sehen, wie wir angenommen und akzeptiert werden. Werden wir umsorgt und wird liebevoll auf uns eingegangen, scheinen wir wertvoll zu sein. Werden wir vernachlässigt und ignoriert, scheinen wir unwichtig zu sein. So entstehen mit der Zeit und dem wiederholten Erleben Überzeugungen, die verallgemeinert in uns abgespeichert werden. Manche davon übernehmen wir von unseren Bezugspersonen, die meisten hingegen bilden wir selbst aus der Wahrnehmung unseres Erlebens heraus.

Die Psychologie spricht neben Überzeugungen auch von Glaubenssätzen oder Annahmen. Es sind innerlich formulierte Sätze, mit denen wir uns unsere Umwelt und uns selbst erklären. Durch das, was wir selbst erfahren oder von anderen übernommen haben, entsteht durch die innere Logik gleichzeitig eine höchst subjektive Wahrheit. Dabei kann es sich um Regeln handeln, die als Strategien dienen, um unseren Selbstwert zu schützen, zu erhalten oder zu fördern. Sie basieren auf einer Ursache und einer Wirkung. Als Beispiel: »Nur wenn ich leise bin, werde ich akzeptiert.« Oder: »Um Papa stolz zu machen, muss ich gute Noten schreiben.« Haben unsere Strategien sich oft genug bestätigt, behalten wir sie oft bis ins Erwachsenenalter bei. So kann es sein, dass wir wie in diesem Beispiel glauben, Liebe nur über Leistung zu verdienen.

Nun dürfte dir klarer sein, wie sehr dein Bild von dir selbst auf dein Selbstbewusstsein und -vertrauen einwirkt. Ein überwiegend positives Selbstbild geht mit Zufriedenheit, Selbstvertrauen und Selbstakzeptanz einher, während ein überwiegend negatives Selbstbild auf Unzulänglichkeit, Unsicherheit und Minderwertigkeit basiert. Wir können unser Selbstbild beeinflussen, wenn wir uns darüber bewusst werden, welche Überzeugungen und Glaubensstrukturen ihm zugrunde liegen und diese überprüfen. Unsere innere Haltung können wir reflektieren und ändern, und so liegt dort unsere Entscheidungsfreiheit. Wir können unsere Bewertungen und Gefühle erforschen und neue Sichtweisen sowie Handlungen etablieren, die unseren Wünschen und Zielen im Leben entsprechen.

Wie unser Selbstbild entsteht

Das Selbstbild formt sich zwischen dem vierten und sechsten Lebensjahr, nämlich sobald ein Kind das »Ich« vom »Du« unterscheiden kann. Aufgrund der Erfahrungen der ersten Lebensjahre entwickelt jeder Mensch ein Modell, wie er sich selbst, andere Menschen und das Leben ganz allgemein sieht. Dieses Bild wird im Laufe der Zeit mit den Erfahrungen aus der Kindheit verknüpft, es entsteht also nicht nur in der Gegenwart, sondern ist ein komplexes Zusammenspiel aus biografischen Erfahrungen, fortwährender Selbstreflexion und Ausrichtungen der zukünftigen Identität.

Die meisten Glaubenssysteme hängen damit zusammen, welche Rollen die wichtigsten Bezugspersonen eingenommen haben, wozu neben den Eltern auch weitere Familienangehörige, FreundInnen und LehrerInnen gehören. Um den Ursprung unserer Gefühle zu verstehen, müssen wir uns also auf die Ebene begeben, auf der sie entstanden sind. Durch das Erkennen der Annahmen und Haltung unserer Eltern, Familie und anderer Bezugspersonen können wir uns unserer eigenen Annahmen und Haltung bewusst werden.

Aktion und Reaktion schaffen Leitlinien für unser Verhalten. So entstehen bestimmte Strategien, mit deren Hilfe wir uns einen Platz in der Welt erobern. Ein Kind erschließt sich über diese Handlungs- und Reaktionsstrategien, wie es sich verhalten soll, damit ihm das Leben gelingt. Das kann beispielsweise durch den verbalen Ausdruck einer Bewertung durch die Bezugsperson ausgelöst werden, ebenso wie durch eine Handlung oder Nicht-Handlung der Person.

Dazu ein Beispiel: Ein Kind wird in der Schule über einen längeren Zeitraum gemobbt und ausgegrenzt. Es versucht, Freunde zu finden und dazuzugehören, aber es scheint niemanden zu geben, der es einbezieht und akzeptiert. Das Kind beginnt zu glauben, dass es irgendwie falsch oder unzureichend ist und dass niemand es jemals wirklich mögen wird. Um sich selbst zu schützen, wird das Kind zurückhaltender und traut sich nicht mehr, auf andere zuzugehen. Im Laufe der Zeit bekommt das Kind Schwierigkeiten, Vertrauen zu anderen und zu sich selbst aufzubauen. Die negative Überzeugung des Kindes entsteht also nicht aufgrund seiner tatsächlichen Mängel oder Schwächen, sondern aufgrund seiner Interpretation von Erfahrungen.

Jedoch kann auch ein wohlwollender Umgang je nach Interpretation zu einer negativen Überzeugung führen: Wenn ein Kind sich selbst etwas erschließen und sich ausprobieren will, aber der Vater dazu neigt, ihm alles abzunehmen, damit es keine Frustration erlebt, kann das Kind Überzeugungen entwickeln wie »Ich bin unfähig« oder »Ich schaffe es nicht allein«. Dieses mangelnde Selbstvertrauen sorgt auch zukünftig dafür, dass das Kind den Herausforderungen des Lebens mit einer empfundenen Unzulänglichkeit begegnet. So wird eine Überzeugung gleichzeitig zur Grundlage dessen, was wir in einem oder in jedem Bereich des Lebens als möglich oder unmöglich erachten und bestätigt sich immer wieder selbst. Aufgrund der selektiven Wahrnehmung kann das schließlich zu Überzeugungen führen, die das Selbstbild schwächen. Wie individuell diese sind, zeigt sich an Kindern, die zwar in derselben Familie aufgewachsen sind, aber dennoch komplett individuelle, manchmal sogar gegensätzliche Ansichten und Interpretationen entwickeln.

Selbstbild – Fremdbild – Idealbild

Im Laufe des Lebens beginnen wir, unser Selbstbild an einem Idealbild zu messen. Anhand dessen, wie wir andere Menschen wahrnehmen, entwickeln wir ein Ideal, wie wir sein wollen, das uns in unserem Verhalten antreibt. Wir streben nach Übereinstimmung mit unserem Ideal, orientieren und vergleichen uns mit ihm. Kommen wir unserem Ideal nahe, sind wir zufrieden. Schaffen wir es nicht und sind unserer Einschätzung nach nicht so, wie wir gern sein möchten oder glauben sein zu sollen, kommt es zu einer Selbstdiskrepanz, einer Unstimmigkeit zwischen Selbst- und Idealbild. Es ist wissenschaftlich bestätigt, dass damit unangenehme Emotionen einhergehen und unser Wohlbefinden leidet. Dabei kommt es auf die Art und Intensität der Diskrepanz an, die Reaktion kann von Unzufriedenheit bis hin zur Abwertung der eigenen Person reichen. Womöglich wird der Teil unseres Selbstbildes angesprochen, der glaubt, nicht gut, schön oder erfolgreich genug zu sein, und der sich in dieser Annahme bestätigt fühlt. Es kommt zu einem Knick in unserem Selbstbild. Andersherum führt eine Kongruenz, also Übereinstimmung mit unserem Idealbild, zu gesteigertem Wohlbefinden, weil wir sind, wie wir sein wollen.

Neben dem Selbstbild, das sich am Idealbild orientiert, gibt es auch das Fremdbild, also das Bild, das andere über uns haben. Es bezieht sich darauf, wie andere Menschen uns sehen, wahrnehmen, bewerten und mit welchen Gefühlen sie uns gegenüberstehen. Zunächst ist davon auszugehen, dass wir nicht wissen, was andere über uns denken. Wenn der Eindruck anderer über uns aber durch geäußertes Feedback Ausdruck erfährt, hat das Einfluss auf unseren Selbstwert, der sich unter anderem durch Rückmeldung anderer Menschen bildet. Unser Selbstbild wird gestärkt durch Lob und geschwächt durch Abwertung.

Wir haben alle verschiedene Paradigmen oder Bezugsrahmen und sehen die Welt nicht so, wie sie ist, sondern so, wie wir sind. Ist unser Selbstbild instabil oder negativ ausgerichtet, kann die Reaktion anderer uns mehr oder weniger stark beeinflussen. So kann es sein, dass wir beispielsweise nach fehlender Anerkennung streben, eine positive Wahrnehmung anderer bestätigen oder eine negative Wahrnehmung korrigieren wollen. Unser Verhalten ist dann darauf ausgerichtet zu gefallen. Dieser Aspekt ist sehr relevant für uns, weil er uns Aufschluss über uns selbst geben kann. Aber auf die Wahrnehmung anderer haben wir natürlich keinen weiteren Einfluss.

Diskrepanzen zwischen Selbstbild und Fremdbild

Nicht nur eine extreme Diskrepanz zwischen unserem Idealbild und unserem Selbstbild kann zu unangenehmen Emotionen bis hin zu psychischen Problemen führen. Genauso verhält es sich, wenn es zu einer ausgeprägten Abweichung zwischen unserem Selbstbild und unserem Fremdbild kommt. Da das Bild, das sich andere von uns machen, von ihrer selektiven Wahrnehmung beeinflusst ist, kann es mehr oder weniger zutreffend sein. Dabei ist zu berücksichtigen, dass das Selbstbild eines anderen Menschen ihm ebenso dazu dient, sich in der Welt zurechtzufinden. So kann es zu fälschlichen Annahmen über uns kommen, die in der inneren Logik des Gegenübers begründet sind. Manche Menschen missverstehen uns im Dienste ihrer Dysfunktion. Das Bild, das sie sich von uns machen, hängt also auch davon ab, welche Gefühle wir bei ihnen auslösen. Besonders bei starken und unangenehmen Emotionen wie Angst, Scham, Wut oder Schmerz kann es zu einer unbewussten Projektion auf uns kommen, die wir unwissentlich ausgelöst haben. Das wird beispielsweise deutlich, wenn jemand überaus unangemessen auf uns reagiert und dafür keine Erklärung zu finden ist. Eine solche Reaktion kann auch schlicht an möglichen inneren Konflikten des anderen liegen. Ist dies der Fall, wird die Diskrepanz zwischen unserem Selbstbild und ihrem Fremdbild verständlicher und erscheint weniger bedrohlich.

Stellen wir uns nun vor, dass ein anderer Mensch ein sehr viel positiveres Bild von uns hat als wir selbst. Auch hier kommt es zu einer Diskrepanz. Je nachdem, wie unser Selbstbild ausgerichtet ist, kann uns das ermutigen, weil wir beispielsweise spüren, dass man uns und unseren Fähigkeiten vertraut, oder es kann uns entmutigen, weil wir uns etwas nicht zutrauen. Ist die Diskrepanz zu groß, wird sie uns vermutlich eher verunsichern.

Genauso wie andere von uns ein Bild haben, haben wir ein Bild von ihnen. Daher hilft es, wenn wir uns hinterfragen, sobald wir spüren, dass jemand besondere Reize in uns auslöst. Je eher wir diese wahrnehmen, desto eher ist davon auszugehen, dass unser Bild einer anderen Person uns Aufschlüsse über uns selbst geben kann. Vielleicht, weil wir ein Verhalten besonders ablehnen, weil wir es uns für uns selbst wünschen oder weil wir ungelöste emotionale Konflikte aus unserer Vergangenheit in uns tragen.

Beispiel für eine Diskrepanz

Ein Beispiel für eine Diskrepanz zwischen einem negativen Fremdbild und einem positiven Selbstbild könnte folgendermaßen aussehen: Lea glaubt, dass sie in ihrer Arbeit äußerst kompetent und erfolgreich ist. Sie hat ein hohes Maß an Selbstvertrauen und ist stolz auf ihre Leistungen. Kollegen, Kolleginnen und Vorgesetzte nehmen Lea jedoch als durchschnittlich oder sogar unterdurchschnittlich in ihrer Arbeit wahr. Sie sind der Meinung, dass ihr bestimmte Fähigkeiten oder Kompetenzen fehlen und dass sie nicht so erfolgreich ist, wie sie es selbst wahrnimmt. Das kann folgende Konsequenzen haben: Die Diskrepanz zwischen dem positiven Selbstbild und dem negativen Fremdbild kann zu Frustration, Enttäuschung und Unzufriedenheit führen. Lea könnte aufgrund ihrer Selbstüberschätzung Schwierigkeiten haben, konstruktive Kritik oder Feedback anzunehmen. Unter den KollegInnen kommt es zu Spannungen, Konflikten und Misstrauen. Da Leas wahrgenommene Kompetenzen nicht mit den Erwartungen und Einschätzungen ihres beruflichen Umfelds übereinstimmen, werden ihre angestrebten Karrierewünsche nicht erfüllt.

Im Übrigen können unser Selbstbild und das Fremdbild niemals vollständig übereinstimmen, weil wir nicht alles von uns preisgeben und einen sogenannten blinden Fleck haben, wenn es um unsere Person geht. 1955 entwickelten die US-amerikanischen Sozialpsychologen Joseph Luft und Harry Ingham das sogenannte (siehe Abbildung nächste Seite) – die Bezeichnung ergibt sich aus den Vornamen der beiden Wissenschaftler. Es hilft, die Selbst- und Fremdwahrnehmung zu visualisieren. So zeigt sich, dass es einen Teil der Wahrnehmung gibt, der uns über uns selbst unbekannt bleibt. Damit beschreibt der blinde Fleck die Merkmale der Persönlichkeit, die sich unserer Wahrnehmung entziehen, dem Umfeld aber bekannt sind. Bei dieser schematischen Darstellung ist zu beachten: Die tatsächliche Größe der einzelnen Bereiche des Johari-Fensters sind individuell zu den Beziehungen und dem jeweiligen Selbstbild zu sehen. Verändert sich ein Bereich, wirkt es sich automatisch auf die anderen Bereiche aus, indem sich diese vergrößern oder verkleinern.

	Mir bekannt	Mir unbekannt
Anderen bekannt	Öffentliche Person	Blinder Fleck
Anderen unbekannt	Mein Geheimnis	Unbekanntes

Andere teilen mir mit ←

Ich gebe preis ↑

Grafik stammt aus: https://de.wikipedia.org/wiki/Johari-Fenster#/media/Datei:Johari2.svg

Im Folgenden findest du die Erläuterung zu den Begriffen im Johari-Fenster.

Öffentlich: Öffentlich ist alles, was eine Person über sich selbst weiß und das, was zugleich für die Umwelt sichtbar ist: Erscheinungsbild, Umgangsformen, körperliche Reaktionen, persönliche Eigenschaften wie Mut oder Ängstlichkeit. Dazu gehören auch innere Einstellungen und Haltungen wie religiöse Überzeugungen, Werte oder moralische Vorstellungen.

Geheim: Geheim ist das, was eine Person über sich selbst weiß, aber bewusst oder unbewusst nicht mit der Umwelt teilt.

Blinder Fleck: Zum »blinden Fleck« zählt, wie eine Person vom Umfeld wahrgenommen wird, ohne dass sie sich dessen bewusst ist. Das können Verhaltensweisen, Vorurteile sowie eine bestimmte Gestik oder Mimik sein. Sobald das Umfeld die Person durch Feedback über diese unbekannten Eigenschaften informiert, werden Informationen vom blinden Fleck »öffentlich«. Konstruktive Rückmeldungen des Umfelds dienen dem persönlichen Wachstum, und ein Abgleich des Selbst- und Fremdbildes kann stattfinden.

Unbekannt: Zur Kategorie »unbekannt« zählt alles, was weder der Person noch dem Umfeld bekannt ist. Es kann sich um Talente, Gefühle oder innere Haltungen handeln, die zwar unbekannt sind, aber dennoch Auswirkungen auf das Leben der Person haben.

Was sind menschliche Grundbedürfnisse?

Wenn wir verstehen wollen, was uns antreibt, sollten wir zunächst unsere psychischen Grundbedürfnisse betrachten. Dazu werden im Allgemeinen Bindung, Autonomie, Erhöhung oder Schutz des Selbstwertes, Lustgewinn und Unlustvermeidung gezählt. Die Bewertung der einzelnen Bedürfnisse fällt für jeden Menschen ganz individuell aus: Der eine wünscht sich mehr Autonomie, also Freiheit, wohingegen es einem anderen viel wichtiger ist, dass er tiefe Bindungen pflegt. Auch wenn das subjektive Empfinden darüber entscheidet, wann das jeweilige Bedürfnis erfüllt ist, so hat die Befriedigung dessen aber einen unmittelbaren Einfluss auf unser Selbstwertgefühl. Der Psychotherapeut Prof. Dr. Klaus Detlef Grawe unterscheidet in der sogenannten Konsistenztheorie vier gleichwertige psychologische Grundbedürfnisse, die wir uns jetzt genauer anschauen.

Bindung

Nicht nur die Bindung im Mutterleib ist für uns lebensnotwendig, sondern auch die ersten Lebensjahre können wir ohne Fürsorge der direkten Bezugspersonen nicht überleben. Zudem prägen unsere ersten Bindungserfahrungen unser gesamtes Leben. Aufgrund des Verhaltens anderer entwickeln wir Grundvertrauen oder Misstrauen – kann ich mich auf andere verlassen oder verlassen mich andere? Werden wir gut umsorgt, hört man uns, reagiert man auf uns und schenkt uns Aufmerksamkeit sowie körperliche Zuwendung und Nähe? Da, wo wir unser Selbstbild aus der Zuwendung anderer entwickeln, können wir genauso Enttäuschung erleben. Wenn uns nicht die Liebe, Zuwendung und Aufmerksamkeit geschenkt wird, die wir brauchen, entsteht ein Mangel, der die Wahrscheinlichkeit erhöht, Bindungsstörungen oder psychische Erkrankungen zu entwickeln. Auch das Selbstwertgefühl wird durch Bindung gestärkt oder beeinträchtigt. Zuwendung bedeutet für uns: »Ich bin wichtig«, »Ich bin es wert, dass man sich um mich kümmert«, »Ich werde gesehen«. Mangelnde Zuwendung deuten wir als: »Ich bin unwichtig«, »Ich bin es nicht wert, dass man sich um mich kümmert«, »Ich werde nicht gesehen«. Das Vertrauen in Menschen und Beziehungen wird von diesen Erfahrungen stark beeinflusst.

Autonomie

Mit dem Bedürfnis nach Bindung entsteht bald das Bedürfnis nach Autonomie. Sobald wir uns als eigenes Ich erkennen, beginnen wir, selbst zu bestimmen und Grenzen zu setzen. Wir lernen unsere Wirksamkeit kennen, wenn wir unabhängig entscheiden und handeln. So können wir unser Leben selbstständig gestalten und haben nicht das Gefühl, dass uns das Leben passiert. Werden wir jedoch in den frühen Kindheitsjahren in unserer Selbstbestimmung stark eingeschränkt, müssen wir unsere Autonomie für die Bindung zu unseren Bezugspersonen opfern, um zu überleben. Das kann später dazu führen, dass wir in Beziehungen das Gefühl haben, nicht wir selbst sein zu können und stark eingeschränkt zu sein. So vermeiden wir vielleicht tiefe Bindungen und kämpfen vehement für unsere Autonomie. Oder wir passen uns so stark an, um Bindungen aufrechtzuerhalten, dass wir uns selbst übergehen. Für das eigene Sicherheits- und Kontrollempfinden ist es aber wichtig, dass es ein ausgeglichenes Maß an Bindung und Autonomie gibt. Sind wir in unserer Freiheit zu sehr eingeschränkt, beeinflusst das unser Wohlbefinden negativ. Eine gesunde Bindung steht nicht im Widerspruch zu unserer Autonomie, sondern bildet die Basis für die Entfaltung des Selbst.

Selbstwerterhöhung und Selbstwertschutz

Wir streben nach Schutz und Erhöhung unseres Selbstwertes. Erfolge, Lob und Anerkennung fördern unser Selbstwertgefühl. Können wir selbstwirksam handeln und Aufgaben gut erledigen, glauben wir an unsere Fähigkeiten. Unser Umfeld spielt dabei eine besonders wichtige Rolle, weil uns mit dem Aufwachsen gleichzeitig vermittelt wird, ob sich unser Wert ausschließlich an Leistungen misst oder wir uns unabhängig davon als Mensch wertvoll und zugehörig fühlen. Unser Selbstwertgefühl ist für die Aktivierung unserer Resilienz wichtig. Sie ist die psychische Widerstandsfähigkeit, die uns Krisen, Rückschläge oder Verluste bewältigen lässt.

Lustgewinn und Unlustvermeidung

Lustgewinn bezieht sich auf die Art der Motivation, die uns dazu bewegt, Handlungen auszuführen, die positive Emotionen und Erfahrungen hervorrufen. Es können Belohnung, Befriedigung und Glück sein, die mit dem Erreichen eines bestimmten Ziels verbunden sind. Wir tun lieber Dinge, die uns Freude bereiten, als Dinge, die uns lästig sind. Das Streben nach positiven Gefühlen ist eine wichtige Quelle der Motivation und hilft uns, positive Veränderungen in unserem Leben zu bewirken. Unlustvermeidung hingegen bezieht sich auf die Art der Motivation, die Menschen dazu bewegt, Handlungen auszuführen, um negative Konsequenzen zu vermeiden. Gefühle, die wir vermeiden möchten, sind Angst, Schmerz oder Unannehmlichkeiten.

Lust und Unlust sind wie zwei Seiten einer Medaille, wie Yin und Yang. Lustgewinn und Unlustvermeidung sind deshalb oft unweigerlich miteinander verbunden und entstehen durch unsere Bewertung. Es ist genauso wichtig, sich im Leben auch Unlustgefühlen zu stellen, um langfristig Lustgefühle zu gewinnen. So sind Ziele oft mit Anstrengungen verbunden, die auf den ersten Blick unattraktiv erscheinen und keine Lust darauf machen. Es lohnt sich aber, die Unlust zu überwinden, um einen größeren Gewinn (positives Gefühl) zu erreichen.

Meine Grundbedürfnisse

Mit dieser Übung untersuchst du, wie es um deine Grundbedürfnisse steht. Du kannst diese Übung auf einen Lebensbereich beziehen oder auf dein gesamtes Leben, aber entscheide dich für einen Fokus. Beispiele für Lebensbereiche sind: Beruf, Wohnen, Gesundheit, Freizeit, Finanzen, Fitness, Beziehungen, Familie, Partnerschaft.

Zur Erinnerung die Grundbedürfnisse:

- Bindung: Zugehörigkeit und Verbundenheit mit anderen
- Autonomie: selbstbestimmt leben, im Einklang mit den eigenen Werten
- Selbstwert: Vertrauen in die eigenen Fähigkeiten und Selbstwirksamkeit
- Lustgewinn und Unlustvermeidung: Empfinden von Wohlbefinden, Befriedigung und Glück

Zeichne dir die nachfolgende Skala in dein Notizbuch und überlege dir, wo du den Soll-Zustand definierst. Er muss nicht bei 10 liegen, sondern kann auch darunter sein. Lass dein Gefühl definieren, was für dich »erfülltes Grundbedürfnis« bedeutet.

Lege deinen Ist-Zustand fest: Markiere, wo auf der Skala von 1 bis 10 deine Grundbedürfnisse stehen:

Bindung:
0__1 __2 __ 3__4__5__6__7__8__9__10

Autonomie:
0__1 __2 __ 3__4__5__6__7__8__9__10

Selbstwert:
0__1 __2 __ 3__4__5__6__7__8__9__10

Lust:
0__1 __2 __ 3__4__5__6__7__8__9__10

Unlust:
0__1 __2 __ 3__4__5__6__7__8__9__10

Gesamte Zufriedenheit in Bezug auf die psychischen Grundbedürfnisse
0__1 __2 __ 3__4__5__6__7__8__9__10

Frage dich:

- Wie zufrieden bist du gerade mit deinem Ist-Zustand?
- Warum ist deine Markierung auf der Skala nicht näher an der 10?
- Was fehlt dir, und was möchtest du verändern?
- Was kannst du konkret dafür tun? Formuliere dein Ziel und dein Vorhaben möglichst genau und machbar.

Diese Übung kannst du für alle vier Grundbedürfnisse und für alle Bereiche deines Lebens machen. Wenn du sie gelegentlich wiederholst, kannst du dir einen Überblick über den Stand deiner psychischen Grundbedürfnisse verschaffen und eventuell Veränderungen vornehmen.

Wahrnehmung
Oder: Was wir glauben, zu wissen

Erkenne deine Überzeugungen

Alfred Adler, der Begründer der Individualpsychologie, vertrat die Auffassung, dass jeder Mensch eine tendenziöse Wahrnehmung hat. So sehen wir das Geschehene immer subjektiv, eingefärbt durch unsere Erfahrungen. Die Individualpsychologie betrachtet den Menschen als Individuum, das untrennbar mit der Gesellschaft und dem eigenen Umfeld verbunden ist und dadurch beeinflusst wird. Das daraus folgende Erleben erfährt unter anderem durch unsere innere Stimme Ausdruck, die unentwegt in unserem Inneren zu uns spricht: Wir formulieren Verhaltensabsichten, planen Abläufe und kommentieren unser Handeln und Denken. Diese sogenannte Eigenkommunikation basiert auf unseren Überzeugungen, also unseren Wahrheiten über uns, das Leben und die Welt, und auf allem, was wir darüber gelernt haben, unseren sogenannten Konditionierungen. Wie bereits beschrieben, hat vor allem das Familiensystem besonderen Einfluss auf uns. Genauso verhält es sich natürlich andersherum.

Ein Reiz erzeugt eine innere Wahrnehmung, woraus dann unser Denken, Fühlen und Handeln entsteht. Ein Kind erhält beispielsweise vor allem Lob und Anerkennung, wenn es sich anpasst und nicht auffällt. Auf geäußerte Bedürfnisse gehen die Eltern nicht ein und reagieren genervt (äußere Reize). Das Kind beginnt zu glauben, dass es sich zurücknehmen muss, um den Eltern zu gefallen (Wahrnehmung). Es fühlt sich unwichtig oder abgelehnt und glaubt, eher störend zu sein. Das mentale Bild über sich und die Eltern formt sich. Um Anerkennung zu erhalten und Bindung herzustellen, möchte das Kind sich nun vor allem so verhalten, wie die Eltern es wünschen (Intention). Also unterdrückt es die eigenen Bedürfnisse und versucht vor allem das zu tun, was die Eltern sich wünschen. Erhält es daraufhin Zustimmung und Anerkennung, bestätigt sich diese Wahrnehmung. Es verfolgt also weiter das Ziel, in Verbindung zu bleiben und damit sein Überleben zu sichern. Durch fortwährendes Erleben verfestigt sich eine Überzeugung.

Bedürfnisse sind wertvoll und notwendig

Obwohl unser inneres Alarmsystem evolutionär darauf ausgelegt ist, auf äußere, physische Gefahren zu reagieren, wird es ebenso aktiviert, wenn unser Selbstbild bedroht wird. Um unseren Selbstwert zu schützen, zu erhöhen oder zu erhalten, entwickeln wir Strategien, die auf bestimmten Annahmen und einer inneren Logik basieren. Dabei kann es sein, dass einige dieser Glaubensstrukturen aus Erwachsenensicht nicht mehr notwendig sind oder unserem Fortkommen im Weg stehen. In der Regel bemerken wir dies erst, wenn wir aufgrund von Glaubensstrukturen Leid erfahren und das eigene Denken und Handeln hinterfragen. Ein Beispiel: Waren wir als Kind aus Angst vor Ablehnung darauf bedacht, die Zustimmung und Anerkennung unserer Eltern und LehrerInnen zu erhalten, haben wir gelernt, unsere Bedürfnisse und Wünsche hintanzustellen und versucht, es anderen recht zu machen. Dadurch vernachlässigen wir uns später in anderen ungesunden Beziehungen oder beruflichen Situationen. Wir missachten unsere Grenzen und verleugnen unsere Werte, um Konflikte und Ablehnung zu vermeiden. Dieses Ignorieren der eigenen Bedürfnisse kann Stress und innere Leere verursachen, weil wir uns nicht erlauben, unsere Individualität und Authentizität auszudrücken. Als Erwachsene werden wir feststellen, dass diese Verhaltensweisen uns wehtun. Erst wenn wir erkennen, dass unsere Bedürfnisse von Wert und notwendigerweise zu berücksichtigen sind, können wir Beziehungen führen und Ziele verfolgen, die wirklich erfüllend sind. Uns selbst treu zu bleiben erfordert, für uns einzustehen.

Eine der größten Aufgaben ist es, uns unserer Überzeugungen bewusst zu werden, sie zu überprüfen und gegebenenfalls zu transformieren. Es ist jedoch gut vorstellbar, dass ein im Kindesalter erlernter Mechanismus, der den Erhalt unseres Selbst schützt, nicht so einfach aufgegeben werden kann. So spüren wir beispielsweise inneren Widerstand, sobald wir unsere Schutz-Strategien anzweifeln. Überzeugungen, die stark verankert sind und eine hohe Schutzfunktion erfüllen, müssen behutsam aufgedeckt und eine Veränderung liebevoll angeleitet werden.

Selbstschutz als Bremse

Egal, ob unsere Überzeugungen positiv oder negativ formuliert sind, verfolgen sie stets eine positive Absicht, die sich auf unsere psychologischen Grundbedürfnisse zurückführen lässt. Der Wunsch nach einem stabilen Selbstbild dient dem Erhalt unserer Identität. Dennoch erweitert und verändert das Selbstbild sich, wenn wir uns innerhalb unbekannter Situationen unterschiedlich erleben.

Unser Glaubenssystem folgt seiner eigenen Logik mit dem Zweck, uns zu sichern und zu schützen. Unter normalen Umständen gibt es keinen Anlass, es zu hinterfragen. Es steuert uns unbewusst, indem wir die vertrauten Wege und Strategien wählen, die sich als hilfreich erwiesen haben. So bestätigen wir uns unsere Wahrheiten selbst, indem unsere innere Erwartung unser Verhalten beeinflusst und sich das erwartete Resultat einstellt, beziehungsweise wir es entsprechend deuten. Wir sehen und erleben, was wir bereits vermutet haben. Vom Psychotherapeuten Paul Watzlawick stammt die Definition dieses unbewussten Prozesses, der sich selbsterfüllende Prophezeiung nennt: »Eine sich selbsterfüllende Prophezeiung ist eine Annahme oder Voraussage, die rein aus der Tatsache heraus, dass sie gemacht wurde, das angenommene, erwartete oder vorhergesagte Ereignis zur Wirklichkeit werden lässt und so ihre ›Richtigkeit‹ bestätigt.«

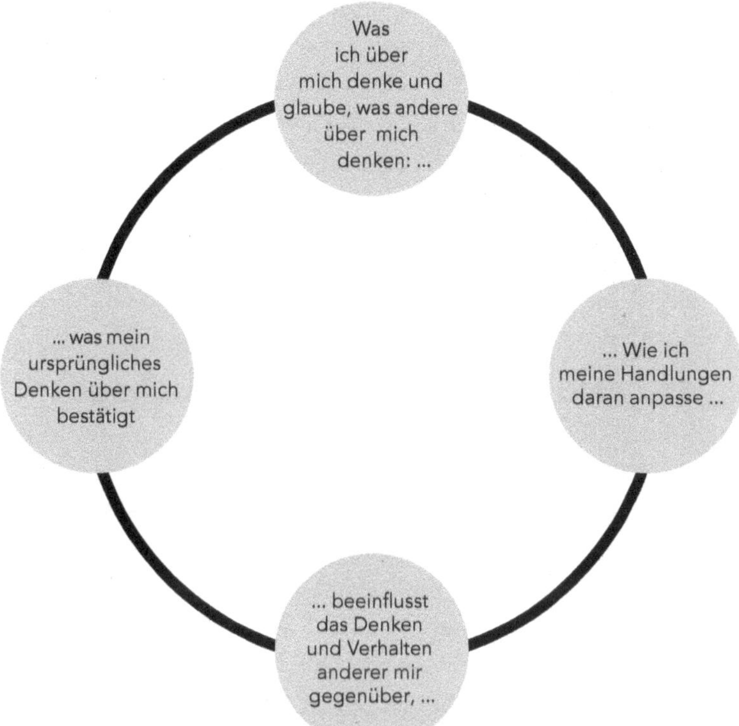

Der Kreislauf der sich selbsterfüllenden Prophezeiung

Hierzu ein Beispiel: Marie hat bereits viele schmerzhafte Erfahrungen gemacht, die dazu führten, dass sie sich von anderen abgelehnt fühlt. Wenn Marie die Firmenkantine betritt und das Verhalten von Markus sie irritiert, wird damit ihre innere Überzeugung bestärkt, von anderen abgelehnt zu werden. Da kann sogar ein freundliches Lächeln als Belächelt- oder Ausgelachtwerden gedeutet werden. Marie beginnt sich daraufhin zurückzuziehen, meidet den Blickkontakt und setzt sich zum Schutz allein in die hinterste Ecke der Kantine. Markus geht davon aus, dass Marie ihn nicht mag oder einfach keine Lust auf Kontakt hat. Markus ignoriert Marie. Marie fühlt sich erneut abgelehnt und somit in ihrer Annahme bestätigt.

So können unsere Überzeugungen am Ende destruktive Folgen haben, wenn sie dadurch zu Ergebnissen führen, die wir uns nicht wünschen. In unserem Beispiel ist es möglich, dass Marie sich zwar nach engen Beziehungen sehnt, sich aber selbst im Weg steht, um diese eingehen zu können. Situationen müssen oft erst unangenehm werden, bis wir uns bewusst werden, dass etwas nicht funktioniert. Erst dann können wir versuchen, bisherige Annahmen zu hinterfragen und gegebenenfalls zu einer neuen Sichtweise zu kommen.

Das Selbstbild erkennen und hinterfragen

Wenn wir unzufrieden sind, uns nicht wohlfühlen, wiederkehrende Verhaltensmuster oder Probleme erkennen, können wir dies meist auf ein überwiegend negatives Selbstbild zurückführen. Haben wir uns in der Kindheit oft in unserem Selbstwert gekränkt gefühlt, entwickelten wir schon früh Strategien, um unser Selbstbild zurechtzurücken und aufzuwerten. Als Kinder mussten wir diese Strategien anwenden, doch übertragen wir die dazugehörigen Verhaltensweisen tendenziell in unser Erwachsenenleben. So kommt es beispielsweise dazu, dass wir unseren Selbstwert heute noch durch Leistung oder Überanpassung erhöhen wollen.

Um dir nun das Konzept des Selbstbilds praktisch nahezubringen, machen wir eine kleine Übung, in der du dich in wenigen Sätzen selbst beschreibst. Das Selbstbild ist natürlich etwas komplexer, und du kannst nur die Dinge erfassen, die dir bereits bewusst sind, aber es ergeben sich im Verlauf des Buches vielleicht einige Aha-Momente und Erklärungen für deren Ursprung.

Deine Einstellungen und Glaubenssätze in folgenden Lebensbereichen haben Einfluss auf dein Selbstbild:

- Beruf und Karriere
- Wohnen

- persönliche Entwicklung
- Finanzen
- Gesundheit und Körper
- Beziehungen
- Liebe und Partnerschaft
- Familie
- Freizeit, Erholung und Spaß

Es gibt positive wie negative Überzeugungen, die als grundsätzliche Verallgemeinerungen in uns abgespeichert sind. Positiv formulierte Überzeugungen sind zuversichtlich und schaffen Möglichkeiten. Sie stärken unser Selbstbild und machen Mut. Sie lauten in den unterschiedlichen Lebensbereichen beispielsweise folgendermaßen:

Partnerschaft

- *Ich bin es wert, geliebt und respektvoll behandelt zu werden.*
- *Ich finde Rückhalt in meiner Partnerschaft.*

Gesundheit

- *Ich fühle mich gesund und wohl in meinem Körper.*
- *Ich achte auf mich und meinen Körper.*

Finanzen

- *Ich kann mit Geld umgehen.*
- *Meine Arbeit ist es wert, gut bezahlt zu werden.*

Negativ formulierte Überzeugungen schränken ein und zeigen Begrenzungen auf. Auch wenn sie durch unsere Erfahrungen als Schutz vor weiterer Enttäuschung dienen, wirken sie sich auf unser Selbstbewusstsein nachteilig aus. Hier einige Beispiele:

Partnerschaft

- *Ich bin es nicht wert, geliebt zu werden.*
- *Ich kann anderen Menschen nicht vertrauen.*

Gesundheit

- *Ich werde nie wieder gesund sein.*
- *Ich lehne meinen Körper ab.*

Finanzen

- *Ich kann nicht mit Geld umgehen.*
- *Geld verdirbt den Charakter.*

Mein Selbstbild

Nimm dir einen Stift und ein Papier oder dein Journal.

Die Sätze, die dich selbst beschreiben, beginnen häufig mit »Ich (bin)«. Alles, was folgt, gibt Aufschluss darüber, wie du dich selbst siehst. Überlege dir anhand der genannten Beispiele, welche typischen Aussagen du über dich triffst und untersuche sie in den auf Seite 32 f. erwähnten Lebensbereichen.

Deine Überzeugungen

Versuche, die Sätze spontan zu vervollständigen:

Positive Überzeugungen	**Negative Überzeugungen**
Beispiel: *Ich bin liebevoll.*	Beispiel: *Ich muss alles perfekt machen.*
Beispiel: *Ich bin wichtig.*	Beispiel: *Ich bin nicht gut genug.*
Ich ______________________	Ich ______________________
Ich ______________________	Ich ______________________
Ich ______________________	Ich ______________________
Ich ______________________	Ich ______________________
Ich ______________________	Ich ______________________

Deine Gefühle

Nimm jetzt alle negativen Überzeugungen von der rechten Seite und benenne das Gefühl, das dahintersteckt:

Negative Überzeugung	**Gefühl**
Ich muss alles perfekt machen.	Ich fühle mich überfordert, es reicht nie.
Ich bin nicht genug.	Ich fühle mich wertlos.
Ich ______________________	Ich ______________________
Ich ______________________	Ich ______________________

Ich ____________________	Ich ____________________
Ich ____________________	Ich ____________________
Ich ____________________	Ich ____________________

Deine Strategien

Nun überlege dir, welche Strategie du aus dieser negativen Überzeugung entwickelt hast:

Negative Überzeugung	**Deine Strategie**
Ich muss alles perfekt machen.	Deshalb arbeite ich über meine Grenzen hinaus und bin sehr kritisch mit mir.
Ich bin nicht genug.	Deshalb habe ich nicht verdient, einzufordern, was ich mir wünsche.
Ich ____________________	Deshalb ________________
Ich ____________________	Deshalb ________________
Ich ____________________	Deshalb ________________
Ich ____________________	Deshalb ________________
Ich ____________________	Deshalb ________________

Überzeugungen hinterfragen

Suche dir eine negative Überzeugung aus, um sie zu hinterfragen: Ich________________________________

Untersuche sie mit folgenden Fragen:

- Stimmt es immer und zu 100 Prozent, dass ich …?
- Wann trifft das Gefühl vor allem zu? (Unter welchen Umständen, bei welchen Menschen oder Situationen?)
- Wann habe ich das erste Mal intensiv in meinem Leben das Gefühl gehabt, das mich zu dieser Annahme verleitete? (Bezugspersonen, Schule oder Lebensereignisse)
- Welche Bedeutung hat es, die Reaktion anderer so gedeutet zu haben? Welchen Nutzen hatte ich dadurch?
- Welche Konsequenzen hat meine Strategie heute für mich?

Fakten-Check

Stelle dir folgende Fragen, um deine Überzeugung an der Realität zu prüfen:

- Welche Erfahrungen habe ich bereits gemacht, die meiner Überzeugung widersprechen?
- Kenne ich andere Menschen, die frei von dieser Überzeugung sind und trotzdem anerkannt/geliebt/sicher/frei sind?
- Warum könnte das bei mir zutreffen?
- Wie könnte eine aktualisierte Überzeugung lauten?

Wichtig: Dein inneres Gefühl muss deinen Satz glauben können. Und eine positive Überzeugung ist optimistisch formuliert und enthält keine Verneinungen.

Beispiele:

- *Ich bin geliebt.*
- *Ich bin wertgeschätzt.*
- *Ich bin gut, so wie ich bin.*
- *Ich habe es verdient, geliebt zu sein, wie ich bin.*

- *Andere lieben mich/erkennen mich an.*
- *Ich liebe mich so, wie ich bin.*
- *Ich akzeptiere mich so, wie ich bin.*
- *Wenn ich etwas leisten möchte, dann weil ich mich dafür entscheide.*

Warum ist es gut, dieses korrigierte Wissen über dich zu haben? Wobei hilft es dir in deinem Leben? Manchmal erleben wir echte Aha-Momente, die unsere inneren Überzeugungen verändern. Dennoch gilt es, das Verstehen durch Erleben zu etablieren, um die neue Überzeugung zu festigen. Beobachte dich im Alltag und versuche, Situationen wahrzunehmen, die deine überarbeitete konstruktive Überzeugung bestätigen, und notiere sie als sogenannte Referenzerfahrung. Indem du sie aufschreibst, zeigst du dir selbst, dass du auf deine neu erkannte innere Wahrheit vertrauen kannst.

Die für mich beste Maßnahme, sich selbst zu reflektieren, ist das tägliche Journaling, also das Schreiben über unser inneres Erleben. Dazu möchte ich dir ein paar Fragen mitgeben, die dich inspirieren können.

Mein Selbstbild erforschen

Du brauchst einen Stift und Papier oder noch besser, ein Journal oder Notizheft. Folgende Fragen helfen dir, dein Selbstbild besser zu erforschen.

- *Wie fühle ich mich heute?* Beschreibe deine Gefühle und Emotionen in Bezug auf dich.
- *Welche Ereignisse oder Erfahrungen haben mein Selbstbild heute beeinflusst?* Das können beispielsweise Situationen oder Gespräche gewesen sein, die dein Selbstbild positiv oder negativ beeinflusst haben.
- *Welche Gedanken habe ich dabei über mich selbst gehabt?*

- *Welche Entscheidungen habe ich heute getroffen, die mein Selbstbild widerspiegeln?* Analysiere, ob es Entscheidungen gab und wie sie mit deinem Selbstbild zusammenhängen.
- *Gab es Momente, in denen ich ein für mich typisches Denk- oder Verhaltensmuster bei mir beobachten konnte? Etwas, was ich immer wieder denke oder tue?* Beschreibe diesen Moment. *Was habe ich gedacht oder getan? Welche Überzeugung über dich oder andere könnte dahinterliegen?*
- *Welche Komplimente oder Kritik habe ich heute erhalten?* Schreibe auf, welche Rückmeldungen du heute von anderen über dich selbst erhalten hast und wie du darauf reagiert hast.
- *Was habe ich heute über mich selbst gelernt?* Identifiziere Erkenntnisse oder Einsichten, die du heute über dich selbst gewonnen hast.
- *Welche Aktivitäten oder Handlungen haben mein Selbstwertgefühl gestärkt?*
- *Gab es einen Moment oder Momente, in denen ich stolz auf mich war?* Beschreibe diese Situationen. *Was habe ich gedacht oder getan?*
- *Wann habe ich mich wohlgefühlt und warum?*
- *Welche meiner Stärken oder Fähigkeiten konnte ich heute einbringen?*

In diesem Kapitel geht es darum, dir Herangehensweisen vorzuschlagen, die dich in deiner Selbstreflexion unterstützen. Eine wertvolle Ergänzung dieses Prozesses ist das Expressive Schreiben. Durch das Ausdrücken unserer Gedanken und Gefühle auf Papier können wir eine tiefere Verbindung zu uns selbst herstellen und eine innere Welt erkunden, die oft unentdeckt bleibt. Es bietet uns eine kreative Ausdrucksmöglichkeit, mit der wir unsere Emotionen zum Ausdruck bringen. Wir können unsere innere Stimme finden und unsere innersten Empfindungen ohne Hemmungen niederschreiben. Durch diesen Prozess der Selbstoffenbarung können wir tiefer in unsere eigenen Gedankenmuster eintauchen und eine therapeutische Wirkung erfahren. Auch belastende Erfahrungen oder schwierige Gefühle finden hier Platz, und häufig hilft das Aufschreiben auch, um sie zu verarbeiten.

Sollte es ein Thema geben, bei dem dir Klarheit fehlt und das dich besonders umtreibt, nutze es als Werkzeug/Methode, um deine Gedanken- und Gefühlswelt genauer zu erforschen. Durch das anschließende Reflektieren wirst du Lösungsprozesse anstoßen können.

Expressives Schreiben: Das Selbstbild reflektieren

In den 1980er-Jahren entwickelten die Psychologen James W. Pennebaker und Joshua M. Smyth die Methode des »therapeutischen Schreibens«. Als eine der besonders gut erforschten Vorgehensweisen dient sie uns als hilfreiches und einfach umzusetzendes Werkzeug. Die positiven körperlichen und psychischen Auswirkungen wurden bereits in zahlreichen wissenschaftlichen Studien nachgewiesen. Beim Schreiben setzen wir uns mit belastenden Emotionen und Ereignissen auseinander und können nachweislich unsere Resilienz, also unsere innere Stärke und Widerstandsfähigkeit, fördern.

Das Schreiben hilft dir, deine innere Welt zu erkunden und Gedanken und Gefühle zu verstehen. Jedoch ist es wichtig, im Vorfeld einen klaren Beginn und ein Ende zu definieren, denn das expressive Schreiben ist nicht als tägliches Journaling gedacht. So kannst du ein Thema abschließend für dich beleuchten und Klarheit und Verständnis über deine Motivationen und Überzeugungen gewinnen.

Angelehnt an die originale Anleitung von James W. Pennebaker und Joshua M. Smyth aus dem Buch »Opening up by writing it down« empfehle ich dir für die nächsten vier Tage folgendes Vorgehen:

1. Nimm dir 15 bis 20 Minuten Zeit.
   Du brauchst Stift und Papier.
2. Suche dir einen Ort, an dem du dich wohlfühlst, der frei von Ablenkung ist und an dem du ungestört bist.
   Überlege dir, auf welches Ereignis in deinem Leben du dich fokussieren möchtest. Wähle ein spezifisches Thema, das dich momentan sehr beschäftigt oder einen großen Einfluss auf dein Leben hatte. Genauso können es positive Gefühle oder Ereignisse sein, sollten diese dir als Erstes in den Sinn kommen.
3. Versuche, die Situation so strukturiert und detailliert wie möglich zu beschreiben. Notiere alle Gefühle und Gedanken, die aufkommen.
   Beginne beispielsweise damit, was passiert ist oder worum es geht, und schildere dann, wie du dich damit fühlst oder was es in dir ausgelöst hat.
4. Löse dich von Erwartungen und ignoriere Grammatik oder Rechtschreibfehler. Das Geschriebene muss erst mal gar keinen Sinn ergeben.
   Erst nach dem vierten Tag, zum festgelegten Ende, schaust du dir deine Notizen an und kannst darüber reflektieren. Welchen Eindruck gewinnst du? Was leitest du daraus für dich ab? Diese Erkenntnisse kannst du natürlich für dich schriftlich festhalten.

Oft identifizieren wir uns so sehr mit unseren Gefühlen, dass wir Situationen nicht vollständig erfassen. Das Schreiben hilft, sie von außen betrachten zu können. Indem du Konflikte in dir akzeptierst und benennst, eröffnest du dir neue Perspektiven, um mögliche Muster zu erkennen. Wann immer du das Gefühl hast, dass das expressive Schreiben dir hilft, wiederhole es.

Wichtig: Es ist normal, sich direkt nach dem Schreiben emotional aufgewühlt zu fühlen. Achte aber bitte darauf, dass du das Schreiben unterbrichst, wenn es dich zu sehr mitnimmt, oder wähle ein anderes Thema. Expressives Schreiben ist kein Ersatz für eine Therapie. Solltest du Unterstützung benötigen, nimm diese in Anspruch.

Dynamisches und statisches Selbstbild

Wenn wir uns die Menschen in unserem Umfeld ansehen, fällt uns vielleicht auf, dass es nicht zwangsläufig die fachlichen Qualifikationen oder Talente sind, die über Erfolg und Nicht-Erfolg entscheiden. Vielmehr begrenzen sich einige Menschen mit besten Voraussetzungen selbst und trauen sich nicht, Risiken einzugehen, während andere sich unter schlechteren Voraussetzungen mit viel Begeisterung und Disziplin ausprobieren und erfolgreich sind. So kann es sein, dass sich jemand durch Kritik und Vorwürfe selbst abwertet und kommende Herausforderungen meidet, während ein anderer nach Lösungen sucht und Herausforderungen anstrebt. Die US-amerikanische Psychologin Carol Dweck, die uns später noch einmal begegnen wird, berichtet beispielsweise: Die zivile Bundesbehörde für Luftfahrt, NASA, lehnte bei Bewerbungen Astronauten ab, die eine reine Erfolgsbilanz vorwiesen. Stattdessen wählte man jene aus, die erhebliche Misserfolge erlebt und sich von ihnen erholt hatten.

Etwas nicht zu schaffen, Fehler zu machen und Grenzen zu erfahren, begegnet uns allen im Leben. Bedeutsam ist der Umgang damit: Das Vertrauen zu haben, mit schwierigen Situationen umgehen zu können, und die Gefühle zu akzeptieren, die damit einhergehen, verschafft uns ein völlig anderes Lebensgefühl. Wir streben alle nach angenehmen Gefühlen, aber diese können wir bekanntermaßen nicht durchgehend empfinden. Der eingangs erwähnte Pionier der Positiven Psychologie, Martin E. P. Seligman (siehe Seite 9) unterteilt die Menschen auf der einen Seite in Pessimisten, die einen Rückschlag als permanent, universal und intern (vergleichbar mit dem statischem Selbstbild nach Carol Dweck, siehe Seite 46) ansehen, und auf der anderen Seite Optimisten, für die ein Rückschlag temporär, speziell und extern ist (vergleichbar mit dem dynamischem Selbstbild, siehe ab Seite 44).

Die Steuerung des Verhaltens

Unser Selbstbild basiert auf einer Kombination aus statischem und dynamischem Verständnis. Je nach Lebensbereich zeigen sich individuell unterschiedliche Einstellungen zu uns selbst und der Welt. Wenn in manchen Bereichen gar keine Möglichkeit der Entwicklung oder Veränderung gesehen wird und diese dem Betreffenden statisch erscheint, kann trotzdem ein anderer Lebensbereich als dynamisch und fruchtbar empfunden werden. Wir alle haben unterschiedliche Selbstbilder in unterschiedlichen Lebensbereichen. Das Selbstbild ist nicht nur dynamisch oder statisch, sondern variiert sogar in einzelnen Lebensphasen und -situationen. Auch wenn wir glauben, unsere Intelligenz sei festgeschrieben, können wir trotzdem der Auffassung sein, dass wir in der Lage sind, fachliche Kompetenzen weiterzuentwickeln. Die Einteilung in zwei unterschiedliche Selbstbilder dient also vor allem dazu, eine Tendenz bei sich festzustellen und erkennen zu können, ob sie konstruktiv oder destruktiv ist. Einfach gesagt: Verursacht unser Selbstbild angenehme Gefühle und Erfahrungen oder eher unangenehme? Möchten wir daran etwas ändern, oder ist das nicht notwendig?

Mindset, Motivation und Erfolg

Diese beiden Definitionen, das dynamische und das statische Selbstbild, hat die bereits erwähnte US-amerikanische Psychologin und Professorin Carol Dweck geprägt. Die Wissenschaftlerin ist besonders für ihre Forschung auf den Gebieten der Persönlichkeitspsychologie, Entwicklungspsychologie und Sozialpsychologie bekannt. Sie beschäftigt sich damit, wie Menschen ihr Selbst entwickeln und wie sich ihr Verhalten steuert. Die Theorie von der Entwicklung eines statischen oder eines dynamischen Selbstbildes beruht auf ihrer Forschung zum sogenannten Fixed Mindset und seinem Gegenteil, dem Growth Mindset. Mit ihrer Annahme, dass Menschen sich durch diese zwei grundlegenden Mindsets, also Denkweisen, unterscheiden, entspricht Carol Dweck der Auffassung Martin Seligmans. Besonders im Hinblick auf unsere Motivation und die Einstellung zu Erfolg nehmen die Mindsets eine bedeutende Rolle ein. Wie bereits erläutert: So wie ein Mensch seine Erfahrungen interpretiert, so formt er sein Selbstbild. Durch positive Erfahrungen, die wir auf unsere Fähigkeiten und Kompetenzen zurückführen, kann ein ebenso positives Selbstbild entstehen. Durch negative Erfahrungen, die wir auf unsere Mängel oder Unzulänglichkeiten zurückführen, kann entsprechend ein negatives Selbstbild geformt werden. Ganz entscheidend ist die persönliche Grundhaltung zu den Erfahrungen des Menschseins und ihrer Bewertung.

Das dynamische Selbstbild

Das dynamische Selbstbild (Growth Mindset) hat eine unfassbare Macht über unsere Gegenwart und Zukunft, denn es prägt die Fähigkeit, flexibel und anpassungsfähig auf Veränderungen und Herausforderungen zu reagieren. Menschen mit einem Growth Mindset sind davon überzeugt, dass es möglich ist zu lernen, sich zu verändern und zu wachsen (von englisch *growth* = Wachstum). Genauso glauben sie daran, dass durch Übung und Fleiß Ziele erreicht werden. Es umfasst die Bereitschaft, Risiken einzugehen, Fehler zu machen und daraus zu lernen, sowie die Fähigkeit, sich selbst und andere zu motivieren und zu inspirieren. Ein Growth Mindset kann helfen, sich in schnelllebigen Umgebungen besser anzupassen und somit erfolgreicher zu sein. Die Positive

Psychologie, die sich als empirische Wissenschaft damit beschäftigt, wie Menschen ein gelingendes und erfülltes Leben führen, basiert auf der Annahme, dass wir sämtliche Stärken und Ressourcen in uns tragen und uns deswegen lebenslang entwickeln können. Die humanistische Psychologie geht ebenso davon aus, dass der Mensch potenziell die Möglichkeit besitzt, sich selbst zu verstehen, und seine Selbstkonzepte, Einstellungen und sein Verhalten selbstgesteuert verändern kann.

Übrigens: Kinder kommen mit einem dynamischen Selbstbild auf die Welt. Kinder müssen lernen, wachsen und sich weiterentwickeln. In unserem Ursprung sind wir für das Leben und zum Lernen gemacht. Wie du weißt, legen unsere wichtigsten Bezugspersonen die Grundsteine für das, was wir über uns, andere Menschen und die Welt denken und wie wir ihnen begegnen. Über die Jahre formen sich so Überzeugungen, die durch LehrerInnen weiter geprägt werden. In Schulen ist gut zu beobachten, wie die Einschätzungen und Zukunftsprognosen von LehrerInnen über ihre SchülerInnen variieren. Allerdings zeigt sich darin im Allgemeinen eher die Ausrichtung des Selbstbildes einer Lehrkraft und was sie für möglich und für unmöglich hält, als tatsächlich objektive Wahrheiten. Diese selektive Wahrnehmung von Lehrpersonal steckt Kindern einen Rahmen, gegen dessen Begrenzungen sie sich gar nicht wehren können, und fördert die Entwicklung eines eher statischen Selbstbildes. Je nach Bewertung durch ihre LehrerInnen entwickeln Kinder entweder Motivation und den Glauben an sich oder festigen ihre Frustration über die Gegebenheiten. Sie bleiben entweder lebendig oder stehen sich selbst und dem Leben im Weg. Carol Dweck empfiehlt beispielsweise, Kinder nicht für ihre Intelligenz zu loben. Es schade ihrer Motivation und Leistung, weil sie sich darauf ausruhen könnten. Lieber sollten Eltern ihre Kinder lehren, Herausforderungen zu suchen und Begeisterung für Fehler zu entwickeln, um weiter zu lernen.

Dynamisches Selbstbild: Merkmale

Überzeugung: Ich kann das schaffen. Es ist einen Versuch wert.
Innere Haltung: Motivation, Konzentration, Lernbereitschaft
Handlungsfolge: Hohe Lernaktivität, Vorbereitung
Resultat: Erfolg (Aufgabe bewältigt, zufriedenstellendes Ergebnis)
Folge: Bestätigung der Überzeugung: Ich kann das schaffen. Es ist einen Versuch wert.
Dynamisches Selbstbild bei Misserfolg: Ich habe es versucht und kann daraus lernen. Das nächste Mal weiß ich, was ich besser machen kann.

Das statische Selbstbild

Das statische Selbstbild (Fixed Mindset) begrenzt jegliche Möglichkeit des Lernens. Carol Dweck hat in zahlreichen Studien mit SchülerInnen und Erwachsenen festgestellt, dass Menschen mit einem statischem Selbstbild bei Misserfolg eher mit Hilflosigkeit reagieren, weil sie Erfolg ausschließlich über gute Leistung definieren. Sie glauben, Intelligenz, Talent und Kreativität seien angeboren und unveränderlich. So ist klar, dass jede Chance der Entwicklung begrenzt ist. Da Menschen mit einem statischen Selbstbild in Kategorien von Gut und Schlecht denken, findet durchgehend eine Bewertung von anderen und sich selbst statt, die ungemeinen inneren Druck produziert. Jede Form der Kritik oder des Misserfolgs muss demnach den äußeren Umständen, anderen oder dem fehlerhaften Selbst zugeordnet werden, was sich potenziell traumatisch auswirken kann. Carol Dweck sagt, dass Menschen, die an festgefügte Eigenschaften glauben, das dringende Bedürfnis haben, erfolgreich zu sein. Denn ihr Erfolg zeige, dass ihre unveränderlichen Eigenschaften denen anderer Menschen überlegen wären. Hinter diesem Selbstbewusstsein lauere jedoch die Angst: »Wenn ich nur jemand bin, wenn ich Erfolg habe – wer bin ich dann, wenn ich keinen Erfolg habe?«

Damit verwandelt sich eine Handlung (»Ich habe das falsch gemacht«) in einen Zustand (»Ich bin falsch«). Menschen mit einem statischen Selbstbild fehlt ein konstruktiver Umgang mit Niederlagen. Da wir uns selbst vor Verletzung und Ablehnung schützen wollen, ist eine Verantwortungsannahme mit dem eigenen Versagen identisch. Um den Selbstwert nicht anzugreifen und aufzuwerten, suchen Menschen mit einem statischen Mindset viel Bestätigung im Außen und definieren sich vor allem über das Geleistete. Kommt es zu einem Misserfolg, fehlt es an Akzeptanz für die damit einhergehende Unvollkommenheit, aus der Reflexion und Wachstum resultieren könnten. Anfangs können Menschen mit einem statischen Selbstbild zwar genauso viel Selbstvertrauen haben wie Menschen mit einem dynamischen Selbstbild, aber es ist umso fragiler, je mehr Misserfolg und Rückschläge dem Selbst zugeordnet werden. Um das zu kompensieren, wird, statt aus Fehlern zu lernen, der Blick auf jene gerichtet, die noch schlechter abschneiden als man selbst. So nehmen Angst, Wut und Scham im Leben der Menschen mit vorwiegend statischem Selbstbild viel Platz ein.

Statisches Selbstbild: Merkmale

Überzeugung: Ich bin zu blöd dafür. Ich brauche es gar nicht erst zu versuchen.

Innere Haltung: Angst, Vermeidung, Passivität

Handlungsfolge: Geringe Lernaktivität, keine Handlung

Resultat: Schlechtes Ergebnis, Vermeidung von Chancen und Herausforderungen

Folge: Bestätigung der Überzeugung: Ich bin zu blöd dafür. Ich brauche es gar nicht versuchen.

Dynamisches Selbstbild bei Misserfolg: Ich habe es versucht und bin gescheitert. Ich werde immer wieder scheitern.

Im Rahmen der Erforschung der Volition, ein psychologischer Begriff, der die Umsetzungskompetenz bei Zielen und Motiven bezeichnet, zeigte Prof. Julius Kuhl zwei unterschiedliche Wahrnehmungstendenzen und daraus resultierende Denkmuster auf. Der Wissenschaftler stützte sich dabei auf das Modell der Lage- und Handlungsorientierung: Ist der Mensch eher lageorientiert, liegt der Fokus auf der Lage, in der er gerade steckt. So schafft er es nicht, die eigenen Gedanken und Gefühle beiseitezuschieben, um die Situation distanziert zu betrachten. Lageorientierte Menschen können nach Misserfolgen so stark ins Grübeln verfallen, dass sie anstehende Aufgaben nicht lösen können. Ist jemand eher handlungsorientiert, liegt sein Fokus auf dem nächsten Schritt. Er kann nach einem Fehler darüber nachdenken und einen erneuten Versuch wagen, ohne dabei zu stark ins Grübeln zu verfallen. Er kann Kraft und Gestaltungsideen für kommende Aufgaben entwickeln. Handlungsorientierte Menschen überzeugen schon aufgrund ihres positiven Selbstbilds, sodass man ihnen mehr zutraut und sie mehr Handlungsmöglichkeiten erhalten. Ihre Fehler werden häufiger übersehen oder fälschlicherweise anderen Menschen zugerechnet. Versagensängste spielen eine untergeordnete Rolle, was dazu führt, dass Menschen mit einem positiven Selbstbild ihre Handlungen zielgerichteter verfolgen können.

Diese Orientierung zeigt die Tendenz eines statischen oder dynamischen Selbstbilds und gleichzeitig, wie Prophezeiungen sich durch sie selbst erfüllen (siehe Seite 30 f.: selbsterfüllende Prophezeiung). Ein Kreislauf, der nur unterbrochen werden kann, wenn wir uns unserer Einstellungen anhand unseres Denkens und Verhaltens bewusst werden. Eine übermäßige Handlungsorientierung birgt die Gefahr, Misserfolge nicht genau zu untersuchen und zu analysieren, um aus ihnen die richtigen Handlungsschritte zu ziehen, wie eine übermäßige Lageorientierung eben nicht ins Handeln führen kann. Auch hier hilft es, die eigene Tendenz zu erforschen, um in etwaigen Situationen abrufen zu können, welche Orientierung konstruktiv ist.

Die gute Nachricht ist: Du hast die Möglichkeit, dein Mindset zu beeinflussen – sofern du erkennst, welche innere Haltung du in bestimmten Situationen einnimmst. Mit den folgenden Übungen erarbeitest du dir deine Wahlmöglichkeit.

Statisches oder dynamisches Selbstbild

Wenn du in Situationen kommst, die Lernmöglichkeiten, Herausforderungen und/oder Anstrengungen versprechen, denke an die zwei unterschiedlichen Mindsets und versuche, dich für die dynamische Sichtweise zu entscheiden. Im Folgenden findest du einige Fragen in Bezug auf Erfolg, die dir helfen können, herauszufinden, ob du eher ein dynamisches Selbstbild (Growth Mindset) oder ein statisches Selbstbild (Fixed Mindset) hast. Versuche, möglichst ehrlich und ohne viel Nachdenken zu antworten:

Wenn du ein Ziel nicht sofort erreichst, denkst du:
a) Ich werde es weiter versuchen und meine Fähigkeiten verbessern, um es zu erreichen.
b) Ich kann es einfach nicht, also lasse ich es sein.

Wie reagierst du auf Kritik?
a) Ich nehme dies als Chance, um zu lernen und mich zu verbessern.
b) Ich fühle mich eher angegriffen und in meiner Person abgewertet.

Wenn du vor einer Herausforderung stehst, denkst du:
a) Ich bin motiviert zu schauen, was ich erreichen kann.
b) Ich werde es wahrscheinlich nicht schaffen, also warum sollte ich es versuchen?

Wie gehst du mit Fehlern um?
a) Ich betrachte sie als Gelegenheit, um zu lernen und mich zu verbessern.
b) Ich denke, dass Fehler ein Zeichen dafür sind, dass ich nicht gut genug bin.

Wenn du jemanden siehst, der besser ist als du, denkst du:
a) Das ist inspirierend. Ich möchte wissen, wie die Person das geschafft hat und davon lernen.
b) Die Person hat Glück oder Talent. Ich bin eben schlechter dran.

Wenn du größtenteils mit Antwort a) geantwortet hast, deutet das darauf hin, dass du eher ein dynamisches Selbstbild (Growth Mindset) hast. Wenn du größtenteils mit Antwort b) geantwortet hast, deutet das darauf hin, dass du eher ein statisches Selbstbild (Fixed Mindset) hast. Bitte beachte jedoch, dass dies nur ein sehr einfacher Test ist. Es gibt noch viele andere Faktoren, die dein Mindset beeinflussen können, und es kann, wie bereits erwähnt, sehr viele unterschiedliche, situationsbedingte Mindsets innerhalb einer Person geben.

Leistungsziele und Annäherungsziele

Die verschiedenen Ausrichtungen des Selbstbilds bestimmen, welche Motivation wir haben und wie wir unsere Ziele im Leben definieren und angehen. Wissen wir um unsere eigene Ausrichtung und die Art und Weise, wie wir unsere Ziele bisher setzen, können wir allein durch die richtige Herangehensweise enorme Fortschritte machen.

Carol Dweck unterscheidet:

- **Leistungsziele** beziehen sich auf das Ziel, eine bestimmte Leistung zu erbringen oder eine bestimmte Aufgabe zu meistern, um die eigene Kompetenz und Fähigkeit zu demonstrieren. Die Motivation besteht darin, im Vergleich zu anderen als kompetent wahrgenommen zu werden, um Anerkennung zu erhalten. Dabei liegt der Fokus auf dem Ergebnis und nicht auf dem Lernprozess selbst. Das bedeutet, dass der Erfolg maßgeblich den Selbstwert beeinflusst. Bleibt der Erfolg aus, kann dies zu einem erheblichen Rückgang des Selbstwertgefühls führen, was die Motivation für zukünftige Versuche mindert.
- **Annäherungsziele** hingegen richten sich darauf, etwas Neues zu lernen oder bestehende Fähigkeiten zu verbessern. Die Motivation besteht darin, kontinuierlich zu wachsen und sich weiterzuentwickeln. Hier steht der Prozess des Lernens und der Verbesserung im Vordergrund, nicht der Vergleich mit anderen. Menschen mit Annäherungszielen sind intrinsisch motiviert, was bedeutet, dass ihre Ziele aus einem inneren Antrieb heraus entstehen. Dieser Fokus auf den Lernprozess führt zu einer robusteren und nachhaltigeren Motivation, da der Wert nicht am Ergebnis, sondern am Fortschritt gemessen wird.

Carol Dweck hat gezeigt, dass Menschen, die sich Annäherungsziele setzen, eine bessere Lernstrategie und Motivation haben, weil sie sich auf den Prozess des Lernens und die Verbesserung konzentrieren anstatt auf das Ergebnis. Ihre Ziele sind vor allem intrinsisch motiviert. Das heißt, sie kommen von innen aus ihrem eigenen Antrieb heraus. Setzen wir uns Ziele, die auf kontinuierlichem Lernen und Wachstum basieren, anstatt nur auf das Erreichen bestimmter Ergebnisse, fördern wir eine positive Einstellung zum Lernen und werden resilienter und erfolgreicher.

Im Gegensatz dazu haben Menschen, die sich Leistungsziele setzen, oft eine begrenzte Lernstrategie und Motivation. Sie sind darauf ausgerichtet, eine gute Leistung zu erbringen und im Vergleich mit anderen als kompetent wahrgenommen zu werden. Ihre Ziele sind eher extrinsisch motiviert, also auf Außenwirkung fokussiert und nicht aus eigenem Antrieb entstanden. Trifft ein angestrebtes Ergebnis nicht ein, kann es sein, dass die Frustration darüber so groß ist, dass jemand keinen erneuten Versuch unternimmt. So bremsen wir uns selbst aus.

Das Selbstbild weiterentwickeln

Erinnere dich an einen Moment, in dem du etwas getan hast, das dir große Freude bereitet hat. Etwas, das dir leichtfiel und gut gelungen ist. Vielleicht eine Aufgabe, die du bekommen hast, einen Sport, den du ausgeübt hast, oder ein Hobby, das du nur für dich gelernt hast. Auf einmal kamst du an einen Punkt, an dem es schwierig wurde und du nicht direkt weiterkamst. Hast du Gefühle von Müdigkeit, Schwindel, Hunger oder Langeweile gehabt? Das kann das statische Selbstbild gewesen sein. Hast du vielleicht sogar aufgegeben und es im Sande verlaufen lassen?

Jetzt stelle dir vor, wie du eine dynamische innere Haltung einnimmst. Während des Lernens entstehen in deinem Gehirn neue Synapsen und Verbindungen. Mit diesem Wissen machst du weiter. Du musst das Gefühl der Stagnation überwinden und fortschreiten, um zu wachsen. Egal, in welchem Bereich deines Lebens, wenn es um dein Wachstum geht, geht es darum, aufzubrechen. Das ist mit Gefühlen verbunden, die unangenehm sein können.

Wenn du an deine Vergangenheit denkst, gibt es etwas, das wie ein Kleber an dir haftet? Eine schlechte Note? Eine Trennung? Eine Kritik? Eine feige Handlung? Eine Entlassung? Konzentriere dich auf dieses Erlebnis. Versuche zu erfassen, was du alles in deinem Leben danach damit in Verbindung bringst, welche Folgen es nach sich zog.

Wenn du eine dynamisch ausgerichtete Perspektive dazu einnimmst, kannst du erkennen, dass diese Erfahrung weder deine

Persönlichkeit noch deine Intelligenz festlegt. Dieser Moment kann dich heute noch einladen, dich zu fragen: Was habe ich aus dieser Erfahrung gelernt? Was kann ich heute noch daraus lernen? Welche Chance steckt für mein Wachstum darin?

Was hast du aus Angst vor dem Scheitern oder der damit einhergehenden Anstrengung nicht getan, woran du heute noch denken musst? Versuche es!

Wenn du dich das nächste Mal niedergeschlagen fühlst, versetze dich in eine dynamische Denkweise und stelle dir vor, wie du die Herausforderungen annimmst. Erinnere dich daran, dass jeder Schritt, den du weitergehst, Wachstum bedeutet und Möglichkeiten bereithält, die dir in der Zukunft nützlich sein können.

Der Zusammenhang zwischen Selbstbild und Selbstwertgefühl

Da das Selbstbild sich auf die Art und Weise bezieht, wie wir uns selbst wahrnehmen, hängt das Selbstwertgefühl unmittelbar damit zusammen. Wie wir über uns denken und wie wir uns beschreiben, gibt Aufschluss darüber, wie wir uns emotional bewerten. Ein positives Selbstbild deutet auf einen Menschen hin, der sich mag und akzeptiert. Es beinhaltet konstruktive und positive Gedanken und Überzeugungen über sich selbst, was sich im Umgang mit sich selbst deutlich zeigt.

Das Selbstbild als solches ist ein dynamisches Konzept, das von verschiedenen Faktoren beeinflusst wird. Dazu gehören Erfahrungen, Erziehung, zwischenmenschliche Beziehungen und individuelle Bewertungen der eigenen Fähigkeiten und Leistungen. So steht das Selbstwertgefühl mit dem Selbstbild in einer Art Wechselwirkung, die unser Verhalten, unsere Entscheidungen und unser Wohlbefinden beeinflusst. Wenn wir an unser Selbstwertgefühl denken, dann fallen uns meist die Situationen ein, in denen wir es als nicht ausgeprägt empfunden haben, und schließen damit auf unser allgemeines Selbstwertempfinden. Gleichzeitig ist bekannt, dass besonders die Unbeständigkeit des Selbstwertgefühls viele verunsichert und ihr Selbstbild schwächt. Dadurch kommen wir zu Fehlannahmen über uns. Es ist wichtig zu wissen, wie wir mehr Stabilität durch unsere Bewertung erhalten und uns damit regulieren können.

Selbstwert und seine biologische Funktion

Unser Selbstwertgefühl wird vor allem dann bestätigt, wenn es gerade so richtig gut läuft. Wir sind verliebt, im Job haben wir Erfolg, unsere Chefin ist zufrieden, der nächste Urlaub steht bevor. Wir fühlen uns hervorragend. Doch mit der Annahme, dass es immer so gut läuft, brauchen wir uns nicht aufzuhalten. Das Leben unterliegt ständiger Veränderung – und damit wir selbst. Unser Selbstwertgefühl macht sich interessanterweise nämlich gerade dann aus dem Staub, wenn wir es am meisten brauchen: Wenn wir an uns zweifeln, uns mit unserer Unzulänglichkeit überraschen, Ärger mit dem Partner, Stress auf der Arbeit haben oder eine Präsentation vermasseln.

Woran liegt das? Unser Selbstwert ist teilweise genetisch festgelegt, ein Drittel davon soll unseren Erbanlagen geschuldet sein. Hinzu kommt der Einfluss unserer Bezugspersonen durch ihren Umgang mit uns (siehe Seite 15 f.). Doch obwohl es einen unveränderlichen Kern unseres Selbstwertgefühls gibt, sind es doch unsere Erfahrungen und vor allem unsere daraus folgenden Bedeutungen und Bewertungen, die es steigen oder sinken lassen. Dies beschreibt der sogenannte bedingte Selbstwert (siehe Seite 56 f.), der vor allem von der Bewertung unseres Selbst abhängig ist. Wir fragen uns: Schneiden wir gerade gut oder eher schlecht ab?

Wichtiger ist jedoch die Frage, ob und wie wir unseren Selbstwert stabilisieren können. Dass unser Selbstwertgefühl überhaupt so viel

Bedeutung hat, liegt vor allem daran, dass seine Aufrechterhaltung eine biologische Funktion hat: Als eine Art »Soziometer« überwacht es den Grad unserer sozialen Zugehörigkeit zu anderen Menschen und motiviert uns, soziale Ablehnung oder den Ausschluss aus einer Gruppe zu vermeiden. Ausgestoßensein bedeutete in der frühen Entwicklungsgeschichte des Menschen den Tod durch Verhungern, Erfrieren oder Gefressenwerden. Um diesen zu vermeiden, hat sich ein System entwickelt, das Situationen und menschliche Reaktionen unbewusst deutet und bei drohender Zurückweisung einen Mechanismus in uns aktiviert, der unseren Wert für andere wiederherstellt. Das zeigt sich beispielsweise durch unser Anpassungsverhalten und unseren Bindungsstil (siehe ab Seite 68). Jemand mit einem negativen Selbstbild und niedrigem Selbstwertgefühl ist bereit, sich aufzuopfern oder seine eigenen Bedürfnisse zu übergehen, um Zugehörigkeit zu erfahren.

Überhöhtes Selbstwertgefühl als Nachteil

Durch unser Verhalten sorgen wir für Akzeptanz und Integration und sichern unser Überleben. Wir spiegeln uns so unser Selbstwertgefühl, indem wir uns selbst respektieren und für uns sorgen oder aber uns übergehen. Erfahren wir extreme Ablehnung, Missachtung oder Zurückweisung und erreichen durch unser Verhalten keine Integration, kommt es durch andere zur empfundenen Abwertung unserer Person. Zum Teil ist unser Wohlbefinden tatsächlich abhängig von sozialen Bindungen, aber entscheidend ist, dass wir nicht die Zustimmung aller Menschen benötigen.

Die vorherrschende Meinung, dass ein hoher Selbstwert das Maß aller Dinge ist und damit unbedingt erstrebenswert, wird inzwischen angezweifelt. Der US-amerikanische Sozialpsychologe Roy F. Baumeister, bekannt für seine Arbeit zu Motivation, Selbstkontrolle und Selbstwertgefühl und deren Zusammenhang mit menschlicher Moral und Erfolg, geht davon aus, dass ein extrem positives Selbstbild nachteilig sein kann. Wer sich in hohem Maße sozial akzeptiert fühle, mache sich laut Baumeister keine Sorgen über die Folgen aggressiven oder unangemessenen Verhaltens. Eine Überhöhung seines Selbst und die Verlegung der eigenen, nicht akzeptierten Anteile der Persönlichkeit hemme die persönliche Entwicklung. Denn besteht die Tendenz zur Selbstüberschätzung, sind betroffene Menschen weniger bereit, Kritik anzunehmen und Verantwortung für die eigenen Handlungen zu übernehmen. Das Selbstbild scheint starrer und weniger empfänglich für eine realistische und offene Haltung sich selbst und seiner Entwicklung gegenüber, die Wachstum beinhaltet.

Die Basis: Selbstakzeptanz

Wenn Menschen zu mir in die Beratung kommen, wünschen sie sich oft, »sich endlich selbst zu lieben«. Doch was ist Selbstliebe? Selbstliebe ist nicht mit Selbstverliebtheit gleichzusetzen, wo wir frei von allen Zweifeln und schwächenden Gedanken selig lächelnd allen Widrigkeiten des Lebens begegnen. Selbstverliebtheit ist der Moment, wenn wir uns zum Niederknien finden, während wir in einem Konflikt nicht auf unser Gegenüber eingehen können, weil unsere Großartigkeit den ganzen Raum einnimmt. Dieses Verhalten basiert auf einem überhöhten statischen Selbstbild, das fortwährend nach Bestätigung und Anerkennung sucht. Wenn positive Bewertungen ausbleiben, wird dieses Bild wackelig, und der Selbstwert unterliegt heftigen Schwankungen.

Es ist also nicht die Höhe des Selbstwertes zu betrachten, sondern vor allem seine Stabilität. Dabei geht es im Wesentlichen um die Selbsannahme, die auf dem Verständnis und der Akzeptanz unserer Person beruht. Es ist unerlässlich dafür eine angemessene und realistische Selbstbewertung vorzunehmen. Je realistischer die Selbsteinschätzung ist und je angemessener damit das Gefühl des eigenen Wertes ist, desto weniger anfällig ist der Selbstwert durch Bedrohungen von außen. Der Psychologe Carl Rogers spricht dabei vom bedingten und bedingungsfreien Selbstwert. Der bedingte Selbstwert ist, wie bereits erwähnt, abhängig von der eigenen Bewertung und jener der anderen.

Der bedingungsfreie Selbstwert geht davon aus, dass man als Person grundsätzlich wertvoll ist. Auch Rogers empfiehlt eine umfassende Akzeptanz seiner selbst. Das ist es, was sich hinter dem Wunsch nach Selbstliebe versteckt.

Grundhaltungen

Da wir nun wissen, dass der Schutz und die Erhöhung des Selbstwertes zu den wichtigsten Grundbedürfnissen gehören und welche Herausforderungen damit einhergehen, blicken wir auf die Grundhaltungen, die einen entscheidenden Unterschied machen.

Menschen mit statischem Selbstbild (bedingter Selbstwert), das davon ausgeht, unsere Eigenschaften und Intelligenz seien in Stein gemeißelt und Versagen sei auf das unzureichende Selbst zurückzuführen, werten sich selbst ab. Darüber hinaus entscheidet sich jemand mit einem statischen Selbstbild lieber für den »sicheren Weg« als für Herausforderungen. Wenn wir hingegen über ein dynamisches Selbstbild (bedingungsfreien Selbstwert) verfügen, glauben wir, durch Erfahrungen zu lernen und uns weiterzuentwickeln. Dann fällt unsere Selbstbewertung bei Misserfolg milder aus, und wir ordnen sie nicht unserem Wert als Mensch zu. Der bedingungsfreie Selbstwert bleibt stabil, weil wir davon ausgehen, dass fehlende Fähigkeiten ausgebaut werden können. Gleichermaßen verhält es sich in Partnerschaften. Auch hier geht es darum, sich gemeinsam zu entwickeln und nicht darauf zu hoffen, dass die Beziehung von Beginn an frei von Differenzen bleibt. Gehen wir mit dieser realistischen Annahme eine Beziehung ein, fühlen sich beide Parteien verstanden und gefördert.

Carol Dweck beschreibt ebenso, wie Partnerschaften durch unterschiedliche innere Haltungen beeinflusst werden. Sie fragte im Rahmen ihrer Forschung, welche Art von Partnerschaft man sich wünsche: eine, die das Ego stärkt, oder eine, in der man persönlich wachsen kann? Menschen mit einem statischen Selbstbild wünschen sich, dass ihr Partner oder ihre Partnerin sie auf Händen tragen, sie verehren und ihnen das Gefühl geben, vollkommen zu sein. Sie glauben, in einer

Partnerschaft sollte man immer einer Meinung sein und die Gedanken des anderen lesen können. Treten Konflikte oder Probleme auf, gehen sie von einer charakterlichen Schwäche aus oder glauben, nicht füreinander bestimmt zu sein. Menschen mit einer statischen Denkweise suchen die Verantwortung selten bei sich, sondern eher beim Partner oder bei der Partnerin. Wenn der perfekte Partner derjenige ist, der den einen auf ein Podest stellt und anbetet, sind dem Wachstum, Erkennen und Anerkennen des verherrlichten Partners und der Partnerschaft enge Grenzen gesetzt.

Dweck beschreibt Menschen mit einem dynamischen Selbstbild mit anderen Wünschen an die Lebensgefährten. Der perfekte Partner oder die ideale Partnerin sollte seine oder ihre Schwächen verstehen und sie dabei unterstützen, sich damit auseinanderzusetzen. Sie bestärken sie darin, sich neuen Erfahrungen zu öffnen. Insgesamt sehen sie die Partnerschaft sowie ihren Partner als etwas sich Entwickelndes und nicht als unveränderliches Schicksal, das entweder passend oder unpassend ist. Menschen mit einem dynamischen Selbstbild wollen durch ihre Partnerschaft in ihrer Entwicklung gefördert werden. Ihre innere Haltung erlaubt es ihnen, weil ihr Selbstwert unabhängiger von der Bewertung existiert.

Um zu verdeutlichen, aus welchen Quellen sich das Selbstwertgefühl über einen langen Zeitraum zusammensetzt, definieren die beiden Psychotherapeutinnen Friederike Potreck-Rose und Gitta Jacob die »vier Säulen« des Selbstwertes. Dazu gehören:

- **Selbstakzeptanz:** Akzeptanz beruht auf dem Gefühl, mit sich zufrieden zu sein und sich selbst wertzuschätzen. Dazu gehört, Unzulänglichkeiten anzuerkennen und den eigenen Wert unabhängig von Erfolg oder Nicht-Erfolg zu empfinden.
- **Selbstvertrauen:** Die positive Einstellung zu den eigenen Fähigkeiten und Leistungen beinhaltet das Wissen, etwas gut zu können und zu erreichen. Dazu gehören das Vertrauen in sich, etwas durchzuhalten, und das Bewusstsein eigener Grenzen.

- **Soziale Kompetenz:** Hier findet sich das Erleben von Kontaktfähigkeit wieder. Ein Teil davon ist es, gut mit anderen umgehen zu können und Konflikten gewachsen zu sein. Autonomie und Bindung sind in Balance.
- **Soziales Netz:** Das Wissen um die Wertschätzung innerhalb von Partnerschaften, Familie und/oder Freundschaften sowie befriedigende Beziehungen, in denen Vertrauen und Verlässlichkeit herrscht, hat Einfluss auf den Selbstwert.

Für jeden Menschen ist die Gewichtung der einzelnen Bereiche individuell. Wenn wir beispielsweise erkennen, dass ein Bereich für uns wichtiger ist als die anderen, können wir verstehen, warum wir uns unwohl fühlen, sollte dieser gerade geschwächt sein. Überprüfe einmal, welcher Bereich für dich besonders wichtig ist. Selbstakzeptanz sowie Selbstwirksamkeit im Leben sind Faktoren, über die du verfügen kannst, die dich unabhängiger von deinen Erfolgserlebnissen machen und deinen Selbstwert stabilisieren. Im Laufe dieses Buches beschäftigen wir uns fortwährend damit, uns selbst kennenzulernen, uns freundlich gegenüberzustehen und uns in Akzeptanz zu üben.

Selbstbestimmung: Zurück zum Ursprung

Bindungen und Strukturen

Über die Beziehung zu unseren wichtigsten Bezugspersonen erhalten wir unbewusst Auskunft über unseren Selbstwert. Dabei geht es vor allem um Nähe und Bindung, die wir als Liebe und Anerkennung unserer selbst verstehen. Die Erfahrungen, die wir in der Kindheit in Beziehungen mit anderen Menschen machen, ordnet unser Gehirn ein und formt daraus innere Wahrheiten über uns und die Menschheit. Ob wir uns als wertvoll, wichtig oder gut genug empfunden haben, liegt aber nicht nur an äußeren Einflüssen und Bedingungen, sondern vor allem an der Bewertung, mit der wir uns das Verhalten anderer erklärt haben.

Da wir als Kind noch nicht über die Fähigkeiten verfügen, dies richtig einzuordnen oder zu analysieren, kommt es auch zu irrtümlichen Annahmen. Aus unseren Schlussfolgerungen entsteht eine ganz eigene Logik (Glaubenssätze, Überzeugungen, Annahmen). In der weiteren Entwicklung unseres Bewusstseins formen wir ein inneres Bild über uns. Wir vergleichen uns mit anderen und lernen zu reflektieren.

Mit dem inneren Bild entwickeln wir Strategien, die dazu dienen, unser Selbstwertgefühl zu erhöhen oder unseren Selbstwert zu schützen. Entweder kann es sein, dass wir dann überaus anpassungsbereit sind und unsere Bedürfnisse übergehen oder dass wir uns abgrenzen und vermeiden, Beziehungen einzugehen. Sobald wir uns identifiziert haben und uns wiederum von jemand anderem erkannt fühlen, möchten wir unser Bild, das wir bestätigt sehen, nicht zerspringen lassen, weswegen wir entsprechende Verhaltensweisen entwickeln. Sind wir erfolgreich mit unserer Strategie und zeigt sie sich als nützlich, wird sie verinnerlicht und angewendet.

Erfahrungen formen Selbstannahmen

Die Neurobiologie bestätigt, dass häufige, emotional intensive und anhaltende Situationen dafür sorgen, dass unsere Neuronen (Nervenzellen) im Gehirn sich besser verdrahten. So kann bei ähnlichen Reizen schnell auf das Erlernte zurückgegriffen werden, und es entstehen automatische Verhaltensmuster. Unser Selbstwertgefühl ist also nicht an unser objektives Wissen über uns gebunden, wie zum Beispiel unsere Fähigkeiten oder Eigenschaften, sondern in erster Linie an unser subjektives Empfinden, das durch den Kontakt mit unseren Bezugspersonen entsteht. Da für ein Kind der empfundene Mangel an Liebe, Anerkennung und Akzeptanz dem Selbst zugeordnet wird, schwächt es sein Selbstbild und Selbstwertgefühl. Je besser wir uns umsorgt und geliebt gefühlt haben, desto positiver fällt unser Selbstbild aus. Natürlich sind bei uns allen negative wie positive Selbstannahmen vorhanden, aber die Gewichtung und Tragweite sind individuell.

Unsere so erworbene persönliche Logik und möglicherweise destruktive Denk- und Verhaltensweisen können unseren eigentlichen Wünschen im Leben im Weg stehen und sie negativ beeinflussen. Wir können uns diese Gedankenstrukturen wie eine viel befahrene Straße vorstellen, in der sich Fahrrinnen gebildet haben und wir deshalb nicht mehr aktiv lenken müssen. Manchmal bringt uns diese eingefahrene Straße aber nicht dorthin, wo wir eigentlich hinwollen. Die Straße zu verlassen, um sich einen neuen Weg zu suchen, erfordert Kraft. Um ein konstruktives Selbstbild zu erlangen, ist es also besonders wichtig, sich selbst zu kennen und insbesondere Verletzungen inklusive der damit einhergehenden Strategien des Schutzes – die Fahrrinnen – wahrzunehmen. Durch die innere Arbeit und den Blick auf die eigene Biografie können Verständnis und Akzeptanz entstehen, eine milde und fürsorgliche Sicht auf sich selbst. So lernen wir einfühlsam und stärkend mit uns umzugehen.

Selbstbestimmung braucht sichere Bindungen

Zu unserer Autonomie gehört es, selbstständig und selbstbestimmt zu leben. Die Erfahrung, Kontrolle über sein Leben zu haben, fördert unsere innere Sicherheit und gehört zu unseren psychologischen

Grundbedürfnissen. Wenn wir Veränderungen im Leben herbeiführen wollen, gilt es, Entscheidungen zu treffen, die unseren Bedürfnissen und Werten gerecht werden. Das ist wichtig, um sich Ziele zu stecken und sie verfolgen zu können. Den wichtigsten Faktor, um selbstbestimmt leben zu können, bilden sichere Bindungen. Diese erfahren wir bestenfalls in der Kindheit, wo die Grundlagen für die Entwicklung unserer sozialen Fähigkeiten und emotionalen Regulation gelegt werden. Wir brauchen Nähe und Verbundenheit, doch gleichzeitig ist es bedeutsam, unsere Umgebung und die Welt selbst erkunden und ausprobieren zu können. Ist das gegeben, lernen wir Vertrauen in uns zu entwickeln, besonders wenn andere uns vertrauen und sie uns etwas zutrauen. Sichere Bindungen erfahren zu haben bedeutet, sich emotional unterstützt zu fühlen und Sicherheit sowie Geborgenheit zu empfinden. Alle Beziehungen, die wir heute haben, wurden durch die Beziehungen unserer Kindheit geprägt. So stärken sichere Bindungen ein positives Selbstbild, das weiß, dass es auch innerhalb von Bindungen Autonomie erfahren kann. Wer das gelernt hat, kann in Balance ein selbstbestimmtes Leben führen.

Jeder Mensch reagiert anders auf die Erfahrungen, die Bindungen für ihn bedeuten. Als Kind ist die Fähigkeit zur Anpassung innerhalb unserer Beziehungen überlebensnotwendig, weil wir in jeder Hinsicht von unseren Eltern oder Bezugspersonen abhängig sind. Daher ist das Wichtigste, was wir lernen, um uns abzusichern und zu gefallen, die Fähigkeit zur Anpassung. Sie ermöglicht uns später, auf Veränderungen in unserer Umgebung zu reagieren. So schützen wir unsere Beziehungsdynamiken, indem wir uns an die Bedürfnisse und Erwartungen anderer anpassen. Ein sicherer Bindungsstil (siehe Seite 69) zeigt sich beispielsweise in folgendem Selbstbild:

- In Kontakt mit anderen fühle ich mich sicher.
- Ich pflege enge und vertrauensvolle Beziehungen.
- Ich kann mich Auseinandersetzungen mit anderen Menschen stellen und dabei ich selbst sein.

- Andere Menschen sind mir wichtig, und ich empfinde mich als für andere wichtig.
- In Gesprächen fühle ich mich ernst genommen und gehört.

Schutzstrategien

Sollten wir mit unserem Wunsch nach Autonomie – freien Entscheidungen, Meinungen und Wünschen – als Kind auf Ablehnung gestoßen sein, kann es zur Überanpassung kommen. Um in Bindung zu unseren Bezugspersonen zu bleiben und damit unser Überleben zu sichern, unterdrücken wir unser Bedürfnis nach Selbstbestimmung. Dies geschieht besonders dann, wenn wir unsere Beziehung zu den Bezugspersonen als unsicher und unseren Wert abhängig davon erlebt haben, ob wir ihnen Folge leisten. Ein Kind, das vor allem durch Anpassung an die Eltern Liebe, Aufmerksamkeit oder Lob erhalten hat, kann über das Kindsein hinaus in diesem Muster verhaftet bleiben. Überlege dir, was das für einen Menschen bedeutet, wo wir doch überall und dauernd in Kontakt mit anderen Menschen sind? Übermäßiges Anpassungsverhalten führt dazu, dass wir mehr und mehr von uns wegrücken und unsere Bedürfnisse übergehen. Wir leben an unseren Vorstellungen des Lebens vorbei. Wenn wir unsere Bedürfnisse zu oft ignorieren, uns verbiegen oder untergraben, spüren wir uns selbst nicht mehr. Wir lernen, bestimmten Gefühlen keine Beachtung zu schenken und sie zu unterdrücken. So vermitteln wir uns selbst, nicht wichtig genug zu sein, und unser Selbstwertgefühl sinkt weiter. Wir wissen nicht mehr, was wir eigentlich wollen, welche Ziele wir haben. Uns fällt es schwer, Entscheidungen zu treffen.

Kannst du bei dir Tendenzen der folgenden Überzeugungen feststellen, die auf Überanpassung hinweisen?

- Ich muss lieb sein, damit ich gemocht werde.
- Ich werde nicht gehört. Meine Meinung ist unwichtig.
- Ich muss mich anpassen, um dazuzugehören.
- Wenn ich für mich einstehe, werde ich ausgegrenzt.
- Meine Wut verletzt andere.

Wenn ein übermäßiges Autonomiebedürfnis über der Bindung steht, kann es Beziehungen zum Scheitern bringen. Sich nicht anzupassen und Distanz in Beziehungen zu bringen, verhindert letztlich tiefe Bindung. Zu viel Autonomie macht es schwierig, Partnerschaften aufrechtzuerhalten, Unterstützung von Freunden anzunehmen oder danach zu fragen, Jobs zu behalten, in denen die Arbeit mit anderen gut klappt. Auch Anweisungen von Vorgesetzten können dazu führen, in ein Muster der Abgrenzung zu verfallen. Im Grunde besteht kein Vertrauen in andere.

Kannst du bei dir Tendenzen der folgenden Überzeugungen feststellen, die auf ein übermäßiges Autonomiebedürfnis hindeuten?

- Ich muss für meine Freiheit kämpfen.
- Andere übergehen mich, darum muss ich stark oder laut sein.
- Andere schränken mich ein. Nähe erdrückt mich.
- Wut sorgt dafür, gehört zu werden und mich abzugrenzen.
- Andere Menschen respektieren meine Grenzen nicht.

Unsere frühen, prägenden Erfahrungen bestimmen vorerst darüber, wie wir uns fühlen und verhalten. Wenn wir es nicht schaffen, uns aus dem Kind-Ich heraus zu entwickeln, reproduzieren wir die Empfindungen der Unterdrückung wieder und wieder. Um uns vor Verletzungen zu schützen, entscheiden wir uns dann für Autonomie oder für Bindung. Von der Partnerschaft, über die Familie, das Arbeitsleben und den Freundeskreis – alle Lebensbereiche sind davon betroffen. Um genauer herauszufinden, welche Tendenz deine aktuellen Überzeugungen aufweisen und wo sie ihre Wurzeln haben, nutze die nächste Übung. Sie kann dir helfen herauszufinden, in welche Richtung du dich bewegst.

Anpassung oder Autonomie?

Stelle dir die folgenden, grundlegenden Fragen, um deinen Bindungsstil zu erforschen. Du kannst sie gern schriftlich für dich beantworten.

Anpassung

- Hast du dich als Kind sicher und geborgen gefühlt?
- Was hast du getan, damit du dich geliebt/gesehen/wichtig gefühlt hast?
- Wie wurde darauf reagiert?
- Wie hast du dich dabei gefühlt?
- Was hast du getan, um dich vor Verletzungen zu schützen?
- Hast du einen übermäßigen Wunsch nach Bindung und fällt es dir schwer, für dich einzustehen oder selbstbestimmt zu leben? (Beziehungen, Meinungen, Anweisungen)
- In welchen Situationen, vor allem mit welchen Menschen fällt dir dieses Verhalten heute noch besonders auf?

Autonomie

- Durftest du als Kind deine Meinung sagen?
- Wurdest du ermutigt, dich auszuprobieren und neue Erfahrungen zu machen?
- Wie wurde darauf reagiert?
- Wie hast du dich dabei gefühlt?
- Was hast du getan, um dich vor Verletzungen zu schützen?
- Würdest du über dich sagen, dass du einen übermäßigen Wunsch nach Autonomie hast und es dir schwerfällt, dich auf andere einzulassen? (Beziehungen, Meinungen, Anweisungen)
- In welchen Situationen, vor allem mit welchen Menschen fällt dir dieses Verhalten heute noch besonders auf?

Würdest du dir aufgrund deiner Antworten einen sicheren Bindungsstil, eine übermäßige Anpassung oder ein übermäßiges Autonomiebedürfnis zuordnen?

Bindungsstile

Unser vorher erkundetes Erleben innerhalb von Beziehungen zeigt sich über den Bindungsstil. Zwar haben neben den familiären auch kulturelle Faktoren einen Einfluss darauf, wie ausgeprägt unsere Bedürfnisse sind, aber genauso verspüren Menschen von Natur aus unterschiedliche Wünsche nach Unabhängigkeit und persönlicher Freiheit oder eben besonders enger Bindung. Da wir uns die meiste Zeit in Beziehung zu anderen befinden, ist an unserem erlernten Bindungsstil zu erkennen, in welche Richtung sich unser Selbstbild entwickelt hat.

Der britische Psychoanalytiker John Bowlby gilt als Pionier in der Bindungsforschung. Er geht davon aus, dass die Art, wie unsere Eltern oder die wichtigsten Bezugspersonen mit uns in Beziehung stehen, unseren Bindungsstil mitprägt. Kurz gesagt: Wenn wir den Kontakt zu Menschen als angenehm erlebt und uns angenommen gefühlt haben, ist eine Bindung für uns erstrebenswert, weil sie uns sicher erscheint. Unser Selbstbild ist dann positiv bestärkt worden, und das Fremdbild, das wir von anderen haben, ist ebenso positiv. Haben wir den Kontakt zu anderen jedoch eher als unangenehm empfunden und mit Ablehnung verbunden, versuchen wir, eine Bindung zu vermeiden, um uns zu schützen. Es kann sein, dass wir erst gar keine Bindung eingehen oder wir innerhalb einer Beziehung versuchen, emotionale Distanz zu wahren, um uns vor Enttäuschung zu schützen.

Kinder zeigen ihr Bindungsverhalten schon früh dadurch, dass sie in sicherer Bindung sowohl positiver auf eine Abwesenheit der Bezugspersonen reagieren als auch positiver auf eine Rückkehr der Bezugspersonen. Erleben Kinder hingegen eine unsichere Bindung über emotionale Unzuverlässigkeit, versuchen sie, Distanz zwischen sich und die Bezugspersonen zu bringen oder klammern aufgrund ihrer Trennungsangst stark. Ein Kind, das sich nicht auf wichtige Bezugspersonen verlassen konnte, hat gelernt, sich nur auf sich selbst zu verlassen. Es behält seine Gefühle für sich und bittet, solange es möglich ist, nicht um Hilfe. Auch im weiteren Verlauf des Lebens kann es in diesem Fall für einen Menschen schwer sein, Unterstützung anzunehmen. Sei es im Beruf, in der Partnerschaft oder in Freundschaften. Natürlich zählt dazu auch die Inanspruchnahme professioneller Unterstützung, wie die eines Therapeuten.

Aufgrund unseres stetigen Lernens ist es uns möglich durch gegenteilige Erfahrungen auch neue Leitbilder zu entwickeln. Hat eine Person beispielsweise einen Partner, der oder die sehr zuverlässig und unterstützend ist, gibt es die Chance, auch in anderen Situationen Unterstützung annehmen zu können. Auch durch aktives Einflussnehmen wie durch das Erkennen unserer Wünsche, das Hinterfragen des eigenen Verhaltens und das Eröffnen neuer Möglichkeiten können wir selbst wählen, welche Art von Beziehungen wir wollen. Denn es entscheidet nicht das Schicksal, sondern es entscheiden die Entwicklung des Kindes bis in das Erwachsenenalter sowie darauffolgende Beziehungserfahrungen über den späteren Bindungsstil.

Die Forschung definiert vier verschiedene Bindungsstile, in denen das jeweilige Verhaltensmuster aktiviert wird, sobald langfristige Beziehungen aufgebaut werden wollen.

Sichere Bindung

Ich vertraue mir selbst und anderen. Ich kann mich bei Bedarf auf mich selbst und andere verlassen und angemessene Grenzen setzen.

Ein sicherer Bindungstyp wird besonders durch ein positives Selbstbild und ein positives Fremdbild definiert. Die Nähe zu anderen fühlt sich sicher an. Im sicheren Bindungsstil können die Autonomie bewahrt und gleichzeitig tiefe Beziehungen eingegangen werden. Diese Beziehungen beruhen auf Akzeptanz und Vertrauen. So kann ihren PartnerInnen neben echter Intimität auch genug Freiraum gelassen werden. Durch erfahrene Sicherheit und Geborgenheit werden Konflikte nicht als bedrohlich empfunden. Die Angst vor Trennung ist niedrig.

Ängstlich-ambivalente Bindung

Ich vertraue anderen mehr als mir selbst. Ich neige dazu, mich mehr auf andere zu verlassen, und habe Mühe, Grenzen zu setzen oder aufrechtzuerhalten.

Ein ängstlich-ambivalenter Bindungstyp basiert auf einem negativen Selbstbild mit einem geringen Selbstwertempfinden. Das Fremdbild über andere Menschen ist jedoch positiv. Er möchte gefallen und sich Liebe und Nähe verdienen, weil diese als wertvoll und notwendig erachtet werden. Zieht der Partner sich zurück, fängt er aus seiner Verlustangst heraus an zu klammern. Menschen, die auf diese Weise ihren Selbstwert aus der Bestätigung anderer ziehen, neigen dazu, sich aufzuopfern und brauchen viel Anerkennung. Die Angst vor Trennung ist hoch.

Abweisend-vermeidende Bindung

Ich kann nur mir selbst vertrauen und mich auf mich selbst verlassen. Ich spiele mein Bedürfnis nach Beziehungen herunter. Ich habe Grenzen, die sich eher wie Mauern anfühlen und alle auf Distanz halten.

Der abweisend-vermeidende Bindungstyp hat ein positives Selbstbild, aber ein negatives Fremdbild. Da er von Ablehnung und Verletzung ausgeht, bekommen Beziehungen keine wirkliche Tiefe, um Nähe zu vermeiden. Er scheint selbstbewusst, doch dahinter liegt die Angst vor Verwundbarkeit. Um sich selbst aufzuwerten, müssen diese Menschen ihre Partner abwerten. Dadurch wird das eigene Autonomiebedürfnis beschützt, denn dieses Verhalten bringt mehr Distanz zwischen sich und den/die PartnerIn. Die Angst vor Trennung ist niedrig.

Ängstlich-vermeidende Bindung

Ich möchte anderen vertrauen, habe aber große Angst davor, verletzt zu werden. Aufgrund dieser Angst schwanke ich zwischen Annäherung und Vermeidung hin und her.

Der ängstlich-vermeidende Bindungstyp hat neben einem negativen Selbstbild auch ein negatives Fremdbild. In Beziehungen vermeidet er echte Nähe, weil der Selbstwert als niedrig eingestuft wird und die Bindung zu anderen zusätzlich als unsicher und tendenziell verletzend. Einerseits wünscht sich dieser Typ Nähe, aber er misstraut anderen zu sehr, diese zulassen zu können. Die Angst vor Trennung ist hoch.

In der folgenden Übung kannst du deinen Bindungsstil erkunden.

Bindungsstil

Stelle dir folgende Fragen, um herauszufinden, welchem Bindungsstil du dich selbst zuordnen würdest:

- Gibt es ein Muster, das du in deinen Beziehungen erkennen kannst?
- Welche Gefühle dominieren in deinen Beziehungen?
- Fühlst du dich in Beziehungen sicher oder unsicher?
- Fühlst du dich in Beziehungen schnell eingeengt, oder hast du das Gefühl, genug Freiraum zu haben?
- Hast du Angst, verlassen zu werden, und klammerst dich an deine/n PartnerIn, oder vermeidest du echte Nähe, tiefe Gefühle und Beziehungen, damit du nicht verletzt wirst?
- Welchen Beziehungsstil würdest du dir selbst zuordnen?
- Entspricht dieser deinem Wunsch, wie du Beziehungen leben möchtest?
- Wie definierst du eine gute Beziehung für dich?

Als Erwachsene sind wir selbst für den Umgang mit unseren Schutzstrategien, unseren Emotionen und dem daraus resultierenden Verhalten verantwortlich. Wie wir Beziehungen leben, beeinflusst unser Wohlbefinden, sowie das unserer PartnerInnen und gegebenenfalls unserer Kinder enorm. Da wir auf unseren Schutz bedacht sind und nie beabsichtigen, anderen Schaden zuzufügen oder sie negativ zu beeinflussen, ist es wichtig, unsere Verhaltensstrategien zu verstehen. Denn durch das Erkennen der dahinter liegenden Emotionen erhalten wir Auskunft über das, was wir fühlen und was uns antreibt. Um unsere Beziehungen zu verbessern, beschäftigen wir uns also jetzt mit dem, was in uns wirkt.

Gefühle: Emotionale Verantwortung

Überlebensgarant und menschliche Tiefe

Die Schnittmenge der Ereignisse, unserer Wahrnehmung und unserer Konditionierung ergibt die Bedeutung, die wir einer Situation beimessen. Aus den Informationen und deren Bewertung entstehen unsere Gefühle. Sie wiederum bilden die Grundlage unserer Reaktionen und Verhaltensweisen. Wut, Trauer und Angst gehören genauso dazu wie Freude, Dankbarkeit und Liebe. Emotionen entstehen aus einem Affekt aufgrund eines Auslösers. Sie sind psychophysische Reaktionsmuster, die aufgrund der Bewertungen einer Reizsituation erfolgen. In dieser wird unsere Aufmerksamkeit fokussiert, die Situation wahrgenommen und bewertet. Körperliche Reaktionen sind die Ausschüttung von Adrenalin und anderen Stresshormonen, die eine Erhöhung der Herzfrequenz oder Schwitzen auslösen können. Die Emotion zeigt sich über Körperhaltung, Mimik und Gestik sowie die Stimme. Aus diesem unbewussten Vorgang resultiert ein Verhalten oder Nicht-Verhalten, was sich entsprechend aktiv oder inaktiv darstellen kann. Ein aktives Verhalten wäre eine Handlung, Bewegung oder Sprechen. Inaktiv hingegen wäre Schweigen oder Bewegungslosigkeit.

Dass wir unangenehme Emotionen schneller und intensiver wahrnehmen als angenehme, liegt schlicht und einfach an der evolutionär entwickelten Priorität unseres Nervensystems, unser Überleben zu sichern. Unser Gehirn muss über unsere Sinnesorgane alle biologischen und sozialen Ereignisse erfassen und verarbeiten, die für unser Überleben relevant sind. Negative Gedanken und Emotionen müssen schneller und deutlicher wahrgenommen werden, um uns vor möglichen Bedrohungen zu schützen. Außerdem werden aus dem gleichen Grund negative Informationen und Ereignisse tiefer und länger im Gedächtnis gespeichert als positive Informationen. Das führt dazu, dass wir uns eher an Negatives erinnern und uns tendenziell länger damit beschäftigen.

In unserem Inneren baut es eine Spannung auf, die meist direkt durch eine Handlung einen Ausweg findet.

Unangenehme Gefühle auszuhalten, um einen konstruktiven Umgang mit ihnen zu finden, lässt sich lernen. Ein unangenehmes Gefühl auf lange Sicht zu unterdrücken benötigt genauso viel Energie, wie eine unruhige See still halten zu wollen. Es brodelt und schäumt in unserem Inneren. Doch wenn wir einen Raum zwischen dem Reiz und unserer Reaktion schaffen, können wir auf Situationen überlegter reagieren. Ähnlich wie bei starkem Wellengang im Meer lohnt es sich, erst mal abzuwarten, bis sich die Wogen geglättet haben und wir wieder klarer sehen können. Für ein besseres Zusammenleben und mehr innere Zufriedenheit ist es fundamental wichtig, sich mit den schwierigeren Gefühlen auseinanderzusetzen.

Gefühlswirrwarr?

Manchmal macht es den Eindruck, dass unsere Gefühle keinen Sinn ergeben. Doch sie müssen nicht logisch oder »richtig« sein, um eine Daseinsberechtigung zu haben. Wir können uns sicher sein, dass sie immer einen *individuellen* Sinn ergeben – das Entscheidende ist, ihn zu verstehen. Doch wofür sind sie gut? Emotionen sind letztlich wertvolle Informationen. Wenn wir sie bewusster wahrnehmen und verstehen, statt Emotionen in »gewünscht« oder »unerwünscht« zu unterteilen, können wir sie akzeptieren und sogar nutzen.

Bestimmt kennst du das, wenn Gefühlszustände und ihre Intensität in einer Situation unangemessen sind. Dahinter liegt oft ein verletzter unbewusster Anteil unseres Selbst. Besonders Menschen, zu denen wir in enger Bindung stehen, scheinen uns mit Worten, Gestik oder Handlungen übermäßig reizen zu können. Manchmal reicht das Hochziehen einer Augenbraue, und wir fahren aus der Haut. Eine rationale Erklärung für das eigene Verhalten ist manchmal schwer zu finden, weil die Ursache auf der emotionalen Ebene liegt und nicht so leicht zu durchschauen ist. Das kann dazu führen, dass nicht nur wir darunter leiden, sondern auch unsere Beziehungen. Von der Schriftstellerin Elizabeth Gilbert stammt der schöne Satz: *»How come your family knows how to push your buttons? Because they installed them …«* – *»Wie kommt es, dass deine Familie alle deine Knöpfe drücken kann? Weil sie sie installiert hat …«* (Übers. d. Red.)

Der verletzte kindliche Anteil in uns, der keine Zuwendung erhalten hat, reagiert auch heute noch auf gewisse Reize, und das häufig in kindlicher Art und Weise. Wir wissen alle, wenn wir im Konflikt sind, geht es meistens nicht wirklich um die Dinge, um die wir streiten, sondern um unsere Gefühle, die diese Situation in uns auslöst. Wir sind beispielsweise nicht wütend, weil der Partner die Geschirrspülmaschine nicht ausgeräumt hat, sondern weil wir das Gefühl haben, nicht gehört oder nicht ernst und wichtig genommen zu werden. Können wir in dieser Situation ruhig und besonnen reagieren und erklären, was uns missfällt, bieten wir unserem Gegenüber eine Chance, uns zu verstehen und sich auf uns einzustellen. So entsteht die Möglichkeit, Veränderung herbeizuführen.

Mitgefühl für sich und andere

Stehen wir in Verbindung zu uns und unseren Gefühlen, ist es einfacher, auf die Bedürfnisse anderer Menschen einzugehen und mitfühlender zu sein. Unsere Beziehungen zu anderen Menschen verbessern sich deutlich, wenn wir die Verantwortung für unsere Emotionen übernehmen. Was unsere Gefühle in unserem Inneren auslösen, zeigt sich in unseren Reaktionen ganz unterschiedlich. Es kann sein, dass eine Person aufgrund eines unangenehmen Gefühls wütend wird und einen Streit auslöst. Dadurch vollzieht sie eine aktive Handlung, und die Emotion findet Ausdruck. Trauer hingegen kann zu einer Inaktivierung führen, was sich beispielsweise durch Rückzug zeigt. Das, was hinter unseren Emotionen steht, macht uns klar, welche Bedeutung die Dinge, die uns widerfahren, für uns haben. Auch wenn Trauer sehr schmerzhaft ist, macht sie doch deutlich, wie wichtig uns jemand ist. Wollten wir Trauer vermeiden, müssten wir also gleichzeitig in Kauf nehmen, nicht zu lieben. Würden wir auf Wut verzichten wollen, hätten wir kein Gespür, wann wir uns und unsere Grenzen schützen sollten. Gefühle machen unser Leben lebendig.

Menschen, die über eine hohe emotionale Intelligenz verfügen, können ihre Emotionen von Natur aus besser regulieren, um nicht von ihnen überwältigt zu werden. Diese Selbstregulierung ist ein wesentliches Merkmal von Resilienz, der Fähigkeit, aus schwierigen Situationen unbeschadet hervorzugehen. Ein zugewandter Umgang mit unseren Emotionen erhöht unsere Zufriedenheit. Je häufiger wir es schaffen, uns für diese innere Zuwendung zu entscheiden, desto mehr werden wir feststellen, wie sich unser Selbstbewusstsein und Selbstwertgefühl steigern werden. Auf uns selbst zu hören und einzugehen ist also eine unserer wichtigsten Selbstfürsorgehandlungen.

Bewusstsein, Wahrnehmung und Wertschätzung können wir nicht erleben, ohne dass wir sie leben. In uns und durch uns hindurch.

Die Fragen in der folgenden Übung helfen dir, deine Emotionen wahrzunehmen und herauszufinden, was die Gefühle dahinter sind.

Gefühle benennen

Vielleicht hilft dir die Vorstellung, du würdest mit deinem inneren Kind sprechen. Wie kannst du emphatisch auf diesen Kind-Anteil eingehen? Frage dich in Bezug auf herausfordernde Situationen:

- Was ist passiert?
- Wie fühle ich mich durch dieses Verhalten oder diese Situation? Versuche, das Gefühl möglichst genau zu benennen, und spüre in dich hinein. Zur Inspiration die folgende Tabelle – laut einer vielbeachteten US-Studie aus dem Jahr 2017 lauten die 27 menschlichen Emotionen:

Angst	Schmerz	Verlangen (nach Essen)
Ekel	Überraschung	ästhetische Wertschätzung
Schrecken	Erleichterung	Bewunderung
Besorgnis	Aufregung	Verehrung
sexuelles Verlangen	Interesse	Freude
Romantik	Langeweile	Staunen
Nostalgie	Verwirrung	Belustigung
Trauer	Verzückung	Zufriedenheit
Wut	Gelassenheit	Befangenheit

- Was hätte ich mir eigentlich in dieser Situation gewünscht?
- Was würde mir in dieser Situation helfen?

Gefühle weisen den Weg nach Innen

Unsere Gefühle sind Wegweiser, sie geben uns Möglichkeiten, uns zu verstehen. Schmerz, der durch emotionale oder psychologische Faktoren verursacht wird, ist ein Ausdruck von »Hier ist etwas nicht in Ordnung«. Im Gegensatz zum körperlichen Schmerz, der in der Regel auf eine Verletzung oder eine körperliche Erkrankung zurückzuführen ist, entsteht emotionaler Schmerz aufgrund von Trauer, Einsamkeit, Verlust, Enttäuschung, Angst oder Schuldgefühlen. Beispielsweise ist Angst ebenso Teil einer erlebten Veränderung, weil mit dieser Unbekanntes einhergeht. Die Angst zeigt uns, dass etwas nicht kalkulierbar und damit unsicher ist. Teilweise begleiten uns unangenehme Gefühle auf dem Weg zu angestrebten angenehmen Gefühlen. Hier ist ein Beispiel:

Elisa möchte ihren Job wechseln, weil sie sich in ihrem derzeitigen Beruf nicht erfüllt fühlt. Ihr Dilemma ist: Auch wenn ihr ein anderes

Unternehmen auf den ersten Blick sehr attraktiv erscheint, so bietet ihr der aktuelle Job Sicherheit und Vertrautheit. Elisa kennt die Arbeitskultur, die KollegInnen und die täglichen Abläufe. Manches davon gefällt ihr nicht, doch das sind alles Aspekte, die ihr in einem neuen Unternehmen natürlich vollkommen unbekannt wären. Zwar hofft sie, dass alles besser wäre als in ihrer derzeitigen Arbeitssituation, doch die potenziellen Unsicherheiten einer Stelle in einer neuen Firma lösen Ängste bei ihr aus. Elisa hatte bisher nur diesen Arbeitgeber und sorgt sich, ob sie den Anforderungen im neuen Job tatsächlich gewachsen ist. Der Druck, sich dort beweisen zu müssen und eventuell zu scheitern, belastet sie. Außerdem mag Elisa einige ihrer derzeitigen ArbeitskollegInnen und fürchtet, dass sie in der neuen Firma keinen Anschluss findet oder Konflikte auftreten.

Sobald wir unsere Komfortzone verlassen, hilft es, uns bewusst zu machen, dass wir Gefühle in Kauf nehmen müssen, die uns herausfordern und die unangenehm sind. Die Möglichkeiten des persönlichen Wachstums und der Erfahrungen, die sich uns bieten, beinhalten immer Chancen, die wir ergreifen sollten. Ignorieren und unterdrücken wir unangenehme Emotionen über längere Zeit, können sie körperliche Symptome wie Kopfschmerzen, Schlafstörungen oder Magenschmerzen auslösen. Im Extremfall verursachen unterdrückte Emotionen Stimmungsveränderungen, die bis hin zu Depressionen oder Angstzuständen reichen können.

Wenn wir lernen, unserem emotionalen Schmerz zuzuhören, anstatt ihn wegzudrücken, erhalten wir wertvolles Wissen über uns. So können wir Veränderungen einleiten, die unseren Lebensweg in Übereinstimmung mit unseren Bedürfnissen bringen.

Emotionsmanagement und erlernte Strategien

Um mit schwierigen Situationen oder Lebensphasen umgehen zu können, entwickeln wir sogenannte Bewältigungsstrategien (in der Psychologie *Coping* genannt). Sie helfen uns, psychische Belastungen und Stress zu reduzieren. Bei kognitiver Bewältigung übernimmt das Denken eine Funktion, wie beispielsweise die Entwicklung von Handlungsstrategien, um das Problem aktiv anzugehen und Lösungen zu finden. So analysiert jemand eine Situation und greift auf innere Fähigkeiten – Ressourcen – zurück, um diese zu verbessern. Zu Ressourcen gehören auch das Umfeld und der Austausch mit anderen Menschen. Emotionsfokussierte Bewältigungsstrategien können das Ausdrücken von Gefühlen, Selbstreflexion, Meditation oder Entspannungstechniken sein. Doch nicht immer ist eine Bewältigungsstrategie langfristig förderlich, denn dazu kann die Vermeidung der schwierigen Situation oder der unangenehmen Emotionen gehören. Vermeidungsstrategien reichen von Ablenkung durch Sport, Filme oder Essen, über den Versuch, jemand anderem für ein bestimmtes Ereignis die Schuld zu geben, bis hin zu übermäßigem Alkoholkonsum.

Der Deckmantel des destruktiven Umgangs mit Emotionen

Unsere Psyche sucht sich sehr kreative Strategien, damit wir nicht an dem wackeligen Gerüst unseres Selbst rütteln und Unangenehmes nicht fühlen müssen. Einige hinderliche Taktiken verstecken sich hinter einem attraktiven Deckmantel. Beispielsweise versucht eine vermeintlich positive Haltung, die die eigentlichen Gefühle unterdrücken will, diese durch Phrasen wegzurationalisieren. Sätze wie »so etwas passiert im Leben«, »damit musst du umgehen können« oder »andere haben schon viel Schlimmeres erlebt« helfen uns nicht bei der Akzeptanz schwieriger Lebenssituationen. Dadurch flüchten wir vor der Konfrontation mit ihnen. Ebenso verhält es sich mit vermeintlich spirituellen Haltungen wie »alles passiert aus einem Grund« oder »deine Seele hat sich das so ausgesucht«.

Menschen, die ausschließlich positive Aspekte sehen wollen, müssen nicht als optimistisch gelten, sondern vermeiden vielleicht nur, sich einer Situation zu stellen und sie von allen Seiten zu beleuchten, um eine realistische Einschätzung vorzunehmen. Aussagen wie »du siehst nur das Negative, konzentriere dich nur auf die guten Dinge, dann geht es dir besser«, »lass uns nicht über das reden, was passieren könnte, schau auf die positiven Dinge«, »wenn du darüber nachdenkst, was passieren kann, dann tritt das ein« helfen in der Regel nicht dabei, konstruktive Lösungen zu finden.

So ist es fraglich, Dankbarkeit zu benutzen, um keine Trauer oder Angst zu fühlen: »Warum bist du traurig? Sei froh, dass du XY los bist und endlich mehr Zeit für dich hast.« »Wenn dir XY nicht passiert wäre, wärst du heute nicht, wo du jetzt bist.«

Unser Gefühlserleben ist nicht auf ein Schwarz-Weiß-Denken zu beschränken. Wir können zu einer Situation mehrere widersprüchliche Gedanken und Gefühle haben – und es ist wichtig, sie alle annehmen zu können, um uns ehrlich zu begegnen.

Wie wir uns selbst regulieren

Stecken wir in Verletzungen unseres Selbst fest und haben daraus Strategien entwickelt, die unseren eigentlichen Wünschen entgegenstehen, führt das zu Frustration. Die Angst, Entwicklungen zu vermeiden, weil sie uns unbekannt oder unangenehm sind, lässt uns stagnieren. Wir wollen die Gefühle, die wir damit in Verbindung bringen, nicht fühlen und vermeiden oder unterdrücken sie. Wenn wir an die vier Bindungsstile denken (siehe ab Seite 68), können auch im Erwachsenenalter Zusammenhänge zwischen Bindungserfahrungen und emotionalen Fähigkeiten festgestellt werden. Wer sich nicht auf Bindungen einlassen kann, hat oft Schwierigkeiten, Emotionen zu regulieren. Wer sich dagegen sicher in Bindungen fühlt, der kann eher Empathie und Fürsorge zeigen. Woher kommt das?

Im Laufe der Kindheit entwickeln wir bestenfalls die Fähigkeit, belastende Gefühle und Spannungen auszuhalten und zu verarbeiten. Dafür benötigen wir eine Art »inneren Halt«, den wir durch aufmerksame Reaktionen, also einen fürsorglichen Umgang unserer Eltern und Bezugspersonen, finden. Wir erlernen und formen durch konstante äußere Regulation, wie mit unseren Gefühlen umgegangen wird, und erhalten den Raum, einen Umgang mit ihnen zu entwickeln, bis wir innere Spannungen selbst aushalten können. Die Bezugspersonen übernehmen vorerst von außen die Regulation, die wir als Kind noch nicht können. Haben wir erlebt, wie auf unsere angenehmen Emotionen (wie Freude) eingegangen wird, verstehen wir, welche Bedeutung es hat, sich um unser Wohlergehen zu kümmern.

Über die sogenannte Co-Regulation haben wir erlebt, wie auf unsere unangenehmen Emotionen (wie Wut, Trauer) reagiert wurde. Wenn Verständnis und Unterstützung gezeigt wurden, verstanden wir, dass diese Gefühle o. k. sind und mit ihnen umgegangen werden kann.

Menschen hingegen, die ihre Emotionen nicht akzeptieren, unterdrücken und somit vermeiden, haben den Umgang mit unangenehmen Emotionen oft nicht gelernt. Wie wir wissen, ist Vermeidung eine Art der Bewältigung, die dem Schutz vor Konfrontationen (auch inneren) dient, denen wir uns nicht gewachsen fühlen. Manche Menschen empfinden Gefühle der Unsicherheit oder Angst als Ausdruck einer Minderwertigkeit ihres Selbst – als schwach und unkontrolliert. Sie wollen ihr Fremdbild nicht schwächen beziehungsweise es so beeinflussen, dass sie Anerkennung erhalten. Wenn auf diese Weise Perfektion angestrebt wird, versteckt sich ein fragiler Selbstwert dahinter. Um eine mögliche Angriffsfläche zu vermeiden, werden alle Register gezogen, um Anerkennung zu erhalten. Damit das schwache Selbstbild aufgewertet wird, entwickelt die oder der Betroffene eine hohe Anpassungsfähigkeit an die (vermuteten) Erwartungen anderer.

Eine andere Strategie, um Anerkennung zu erhalten, ist, sich unentbehrlich zu machen. Dieses Helfersyndrom, das andere an sich binden soll, schadet oft mehr, als es nutzt. Anerkennung für geleistete Hilfe, die aus Unsicherheit erfolgt, bringt manche Menschen dazu, sich regelrecht aufzuopfern.

Weitere Vermeidungsstrategien

Darüber hinaus vermuten viele Betroffene, nicht wütend oder traurig sein zu dürfen, und versuchen daher, um jeden Preis ihre Gefühle zu kontrollieren. Dieses Verhalten, um Bezugspersonen nicht zu belasten und ihnen zu gefallen, kann zu unterdrückten Gefühlen und Scham führen. Kindern wird allzu oft beigebracht, wie sie sich zu verhalten haben, und insbesondere, welche Gefühle den Erwachsenen um sie herum lästig sind. Inneres Befinden, das wir »nicht haben dürfen«, ignorieren wir mit dieser Konditionierung. Wir verlieren den Kontakt zu unseren Gefühlen und können mitunter nicht definieren, was mit uns los ist.

Wenn Bezugspersonen aufgrund unzureichend entwickelter emotionaler Kompetenzen ebenfalls nicht angemessen gelernt haben, ihre Gefühle auszuhalten, fehlt Kindern ein »innerer Raum«. Kinder, die in ihrer emotionalen Regulierung nicht gefördert wurden, verlagern innere Spannungen als Erwachsene im Allgemeinen nach außen. Kurz gesagt: Sie können unangenehme Gefühle nicht handhaben und katapultieren sie ungefiltert in ihre Umwelt. So sorgen »unverdaute« Gefühlszustände dafür, dass jemand sich nicht nur sich selbst gegenüber unsensibel verhält, sondern in verletzender Weise auch gegenüber anderen. In der Kindheit stark eingeschränkt worden zu sein, kann darüber hinaus im Erwachsenenleben sogar dazu führen, besonders viel Macht, Dominanz und Kontrolle anderen gegenüber auszuüben. Jemand, der keine Selbstwirksamkeit erlebt hat, möchte so das Gefühl der Schwäche und Hilflosigkeit kompensieren.

Wenn wir die Strategien der Vermeidung innerhalb eines Verhaltensmusters hinterfragen, können wir später lernen, unsere emotionalen Reaktionen zu regulieren, um uns auf gesunde Weise auszudrücken.

Die Emotionen der anderen

Der Umgang mit unseren Emotionen ist also bedeutsam, wie du inzwischen sicher erkannt hast. Allerdings ist auch der Umgang mit den Emotionen unserer Mitmenschen enorm wichtig. Häufig sind wir zunächst mit den Gefühlen anderer überfordert, weil wir unsere Gefühle nicht gut managen können. Können wir hingegen sicher mit unseren Emotionen umgehen, fühlen wir uns auch sicherer im Umgang mit den Emotionen anderer.

Ein Mittel zurechtzukommen, wenn uns jemand seine Gedanken und Gefühle anvertraut, ist aktives Zuhören und echtes Interesse zu zeigen. Eine solche innere Einstellung drückt sich durch zugewandte Körperhaltung und Mimik aus. Nach Pausen sollten wir Raum lassen, um das Ungesagte zu »hören« oder nachzufragen. Orientiere dich im Gespräch an den Fragen der Übung »Gefühle benennen« (Seite 77 f.), um dein Gegenüber zu verstehen und auf es einzugehen.

Emotionen bewältigen und regulieren

Hatten wir fürsorgliche Bezugspersonen mit ausreichender emotionaler Kompetenz, haben wir erfahren, dass auf unsere Probleme eingegangen wird und wir Hilfe und Unterstützung erhalten. Dadurch hat sich ein positives Selbstbild entwickelt, das von einer ebenso positiven Umwelt ausgeht. Auch nachträglich können wir noch lernen, welche Methoden uns helfen, unsere Emotionen zu regulieren. Wir können uns befähigen, sie zu erkennen und ihre Intensität und ihren Ausdruck zu managen. Als Ansatz dient uns vor allem eine lösungsorientierte (Neu-)Bewertung.

Jedes Verhalten basiert auf einem Gefühl. Und hinter jedem Gefühl verbirgt sich ein Bedürfnis. Wenn wir zu diesem Ursprung zurückgehen und dafür sorgen, unsere Bedürfnisse zu verstehen und zu befriedigen, können wir uns von destruktiven Verhaltensmustern lösen. Dadurch entstehen Möglichkeiten, andere Perspektiven einzunehmen, die wiederum zu anderen Emotionen und Handlungen führen, und zwar zu solchen, die wir uns wünschen, aber bisher nie umsetzen konnten. Wir sind theoretisch dazu in der Lage, Gedanken objektiv wahrzunehmen, ohne uns mit ihnen allzu stark zu identifizieren. Wir können durchaus unser Gehirn trainieren, mehr und mehr Abstand zu destruktiven Gedanken und zu den damit zusammenhängenden Gefühlen zu bekommen. Das klappt vor allem dann gut, wenn wir uns nicht unmittelbar in einer Situation befinden, die uns besonders reizt. Stelle dir in der nächsten Übung die folgenden Fragen, um dich der objektiven Wahrnehmung deiner Gefühle anzunähern.

Lösungsorientierte (Neu-)Bewertung

Lerne deine Emotionen in herausfordernden Situationen als inneren Kompass kennen und beschäftige dich mit diesen Fragestellungen:

Situationen analysieren: Welche sich wiederholenden Situationen kennst du, in denen du unangemessen starke Emotionen verspürst? Versuche herauszufinden, was die Ursache für deine Emotionen ist. Ist es eine Beziehung, eine Situation am Arbeitsplatz oder eine andere Stressquelle?

Emotionen wahrnehmen: Versuche, dir deines Gefühls körperlich bewusst zu werden. Wo in deinem Körper kannst du es wahrnehmen? Zieht sich dein Bauch zusammen, schlägt dein Herz kräftig, kannst du keinen klaren Gedanken fassen? Wird dir warm oder fängst du an zu schwitzen?

Gefühle und Ursachen benennen: Was fühlst du gerade? Bist du wütend, ängstlich, traurig oder enttäuscht? Was löst dein

Gefühl aus? Wie fühlst du dich damit? Wenn du Angst hast: wovor genau? Was denkst du, was passieren könnte?

Überprüfen: Welche anderen Perspektiven kannst du ergründen, wenn du davon ausgehst, dass es nicht um deinen Wert, deine Leistung, Intelligenz oder Liebenswürdigkeit geht? Welche äußeren Umstände oder welche inneren Gefühle deines Gegenübers könnten dazu beitragen, dass die Situation zustande gekommen ist? Wie würde eine neutrale Person die Situation analysieren?

Alternativen ausloten: Wie möchtest du dich fühlen? Wie möchtest du gern reagieren oder dich verhalten? Wie fühlt sich diese Alternative in deinem Körper an, wenn du daran denkst?

Reflektiere: Nimm dir Zeit, um über deine Gefühle nachzudenken. Neben dem Aufschreiben kann es helfen, mit einem vertrauten Menschen darüber zu sprechen.

Mittendrin: Abstand nehmen

Menschliche Reaktionen entstehen aus dem Affekt: Dinge, die uns sehr reizen, können extreme Emotionen hervorrufen, und auf lange Sicht entwickeln sich daraus Reaktionsmuster. In diesen Momenten einen klaren Kopf zu behalten, ist sehr herausfordernd. Wut kann zum Beispiel durch Anschreien oder Beleidigungen Ausdruck finden. Nimm dir nun als Beispiel die Situation, mit der du die vorherige Übung gemacht hast. Hast du dir eine neue Verhaltensstrategie überlegt, die dich beruhigt und Abstand zu deinen Emotionen ermöglicht? Du könntest beispielsweise um etwas Zeit bitten, um dir darüber Gedanken zu machen, dein Gefühl ansprechen, dich kurz zurückziehen, um innezuhalten und durchzuatmen, oder eine Nacht darüber schlafen. Es kommt natürlich darauf an, in welcher Situation du bist. Wenn es aber darum geht, Entscheidungen zu treffen, ist es ratsam, nicht aus einem emotionalen Zustand heraus zu handeln.

Wie bei allem im Leben benötigen wir Gegensätze, um eine Bewertung vornehmen zu können. So erfahren wir Tiefe. Wenn es kein Weiß und kein Schwarz gäbe, wüssten wir nichts über die Grauschattierungen. Tiefe ist Lebendigkeit. Genauso bedeutsam ist es, zu akzeptieren, dass es Situationen geben wird, in denen wir nicht so handeln, wie wir es uns wünschen. Der Erfolg besteht darin, sich zu reflektieren, sich selbst zu verstehen und zu sensibilisieren. Eine Möglichkeit zu mehr Achtsamkeit, die diese Reflexion ermöglicht, bietet die Meditation.

Meditation: Der Abstand zu meinen Gedanken

Seit einigen Jahren verbringe ich ein paar Wochen des Sommers in der Provence in Frankreich. Es gibt einen Ort, der es mir besonders angetan hat. Ich möchte dich mit dieser Meditation dorthin mitnehmen.

Setze oder lege dich bequem hin. Nimm einige tiefe Atemzüge und spüre, wie der Atem deinen Körper mit frischer Energie erfüllt.

Stelle dir nun vor, dass du dich in einem wunderschönen ruhigen Garten befindest.

Etwas weiter in der Ferne liegt ein altes Landhaus, das mit Efeu bewachsen ist.

Der Garten ist voller bunter Blumen, duftender Kräuter und majestätischer Bäume. Er befindet sich umgeben von Lavendelfeldern auf einem Hügel.

Hier liegst du auf einem weichen grünen Rasen, der unter dir sanft nachgibt, während du dich in die wunderschöne Natur einbettest.

Mit jedem Atemzug sinkst du etwas tiefer in das warme Gras.

Stelle dir nun vor, alle deine Gedanken wandern wie die Wolken am Himmel. Vielleicht erkennst du manche Gedanken. Du siehst ihnen von unten zu, wie sie am Himmel vorbeiziehen. Du bist ganz frei von ihnen.

Eine leichte sommerliche Brise lässt die Wolken etwas schneller vorbeiziehen. Mal blickst du in einen ganz blauen Himmel, mal kommen kleine Schäfchenwolken mit den Gedanken vorbei.

Von hier aus kannst du alle Gedanken und Emotionen beobachten, die sich wie Wolken sanft bewegen. Du wirst nicht mehr von ihnen eingehüllt.

Du bist getrennt von deinen Gedanken und ihr Beobachter.

Spüre, wie sich ein Gefühl von Ruhe und Frieden in dir ausbreitet, während du die Gedanken betrachtest, die weiterhin vor deinem inneren Auge vorbeiziehen.

Erkenne, dass du nicht diese Gedanken bist und dass sie dich nicht beeinflussen. Du bist unabhängig von ihnen und kannst sie in deinem Tempo kommen und gehen lassen.

Bleibe so lange in dieser Position, wie es sich für dich richtig anfühlt.

Wenn du so weit bist, kehre mit dem Frieden des Gartens verbunden in dein tägliches Leben zurück.

Wisse, dass du jederzeit zu dieser Meditation zurückkehren kannst.

Selbstmitgefühl: Die Basis für ein gesundes Selbstbild

Mitgefühl heißt auch, mit uns zu fühlen

Mit jedem Menschen, mit dem ich arbeite, mit meinen Freunden, der Familie und, ja, sogar mit jedem Fremden, fühle ich mit. Wenn es mir an einem nicht mangelt, dann an Anteilnahme. Ausgenommen bleibt manches Mal eine Person: Ich selbst. Dass ich damit nicht allein bin, wird mir in meiner Arbeit gezeigt. Die Fähigkeit des Mitgefühls tagtäglich bei anderen anzuwenden und mich dabei selbst zu beobachten, hilft mir, mir selbst mit einer freundlichen inneren Haltung zu begegnen. Aber warum fällt es mir, fällt es uns, so schwer, für uns selbst Mitgefühl aufzubringen?

Unsere Strenge meldet sich häufig dann, wenn wir kognitiv bereits Lösungen haben, aber nicht »so mitspielen«, wie unsere Vorstellung es von uns verlangt. Wir wissen es doch eigentlich besser, warum haben wir es dann nicht genauso gemacht? Die kognitive Erklärung, dass wir als Menschen Schwächen haben und Fehler machen, reicht nicht aus. Besonders Kinder, die viel kritisiert wurden, übernehmen als Erwachsene diese kritische Sicht auf sich – die wiederum das Selbstbild negativ beeinflusst.

Selbstmitgefühl muss also vor allem eines: praktiziert werden. Es ist eine Antwort, die über das Wissen hinausgeht. Selbstmitgefühl bedeutet zu lernen, mit uns selbst so umzugehen, wie wir mit anderen umgehen würden, wenn sie leiden, scheitern oder sich unzulänglich fühlen. Das heißt nicht, dass wir uns selbst bemitleiden, sondern uns vielmehr mit einer zugewandten, liebevollen Haltung begegnen und aus dem inneren Dialog der Abwertung heraustreten sollten. Eine Mutter, die ich frage, ob sie so, wie sie zu sich selbst spricht, auch mit ihrem Kind spricht, schüttelt entsetzt den Kopf. Wenn wir unsere Grenzen wahrnehmen, schützen wir uns gleichzeitig. Eine emotionale Grenze erreicht zu haben und diese zu überschreiten, weil wir kein Mitgefühl für uns aufbringen können und uns überfordern, schadet uns auf lange Sicht. Es ist wenig förderlich, uns in schwierigen Zeiten, nach langer Anstrengung und viel Arbeit ohne gewünschtes Ergebnis oder bei Angst und Scham zusätzlich verbal mit dem Stock zu schlagen.

Konstruktive Selbstkritik statt Selbstvorwürfe

Sich selbst abzuwerten ist etwas völlig anderes als konstruktive Selbstkritik: Sie ist vielmehr die Erkenntnis, was wir verändern oder wie wir unsere Selbsteinschätzung schärfen können. Stell dir vor, deine beste Freundin ruft an und ist traurig, dass sie eine ungerechte Behandlung durch ihre Chefin kommentarlos hingenommen hat und nicht für sich einstehen konnte. Du würdest wohl kaum sagen: »Du bist einfach zu schwach. Das kennen wir schon von dir, du bekommst nie den Mund auf.« Im Gegenteil, du zeigst Verständnis und bist rücksichtsvoll. Du weist sie darauf hin, wie schwierig es ist, unvorbereitet vor Vorgesetzten souverän und selbst mitfühlend zu reagieren. Du verstehst, dass sie sprachlos war und erst im Nachhinein passende Antworten parat hatte. Du begreifst das Gefühl der Kränkung, ihre Traurigkeit und Wut. Du überlegst mit ihr gemeinsam, was sie tun kann, damit es besser wird.

Wäre uns das Gleiche wie der Freundin passiert, würden wir eventuell ganz anders reagieren und uns selbst scharf verurteilen. Das, was in unserem negativen Selbstbild angelegt ist, wird durch unser Verhalten in der Situation mit der Chefin bestätigt. Unsere alten Verletzungen, der Schattenanteil in uns, fühlen sich angesprochen. Es ist doch erstaunlich, wie viel Verständnis wir für andere Menschen aufbringen können, während wir mit uns selbst so hart ins Gericht gehen, oder?

Stress und das Nervensystem

Unser Nervensystem enthält viele Milliarden Nervenzellen, sogenannte Neuronen. Sie steuern unsere unbewussten Prozesse, wie Atmung und Verdauung, die Aufnahme und Verarbeitung von Reizen und entsprechende Reaktionen. Die Amygdala, eine der ältesten Strukturen unseres Gehirns, hilft uns durch emotionale Bewertung, Gefahren in der Umgebung sofort zu erkennen. So haben wir Menschen im Verlauf der Evolution für unser Überleben gesorgt. Wenn eine Bedrohung erkannt wird, sendet die Amygdala Signale aus: Die Stresshormone Adrenalin und Cortisol werden ausgeschüttet, Blutdruck und Puls steigen, Kräfte werden mobilisiert, die wir brauchen, um uns der Bedrohung zu stellen oder ihr auszuweichen. Damit nimmt die Amygdala in der Bewertung von Emotionen eine zentrale Rolle ein.

Erleben wir ein überwältigendes Ereignis, das zu einer seelischen Verletzung geführt hat, spricht man von Trauma (Mehrzahl Traumata). Befinden wir uns in einer psychischen und physischen Ausnahmesituation, die beispielsweise durch körperliche oder emotionale Gewalt ausgelöst wird und unser Leben oder das eines nahestehenden Menschen bedroht, kann die Amygdala überaktiviert werden. Wenn das passiert, konzentriert sich das Nervensystem ausschließlich auf das Überleben. Dafür werden andere Funktionen wie Schmerzempfindung und Denken im Körper kurzzeitig ausgeschaltet, der Puls wird hochgefahren, und eine Art sofortiges Notfallprogramm wird aktiviert: Kämpfen, Fliehen, Erstarren oder Unterwerfen sind nun unsere einzigen Handlungsmöglichkeiten. Deswegen wird die Stressreaktion unseres Körpers als Kampf-oder-Flucht-Reaktion bezeichnet, auf Englisch *Fight-or-Flight-Response* oder noch genauer: *Fight-Flight-Freeze- or Fawn-Response* von *freeze*: einfrieren und (hier) *fawn*: unterwerfen.

Trigger ernst nehmen

Ein Trauma wird im Gehirn anders abgespeichert als verarbeitete Ereignisse. So reagieren wir danach hypersensibel auf Reize, die mit dem Trauma in Verbindung stehen. Wenn es also zu einem entsprechenden Reiz kommt, werden die Gefühle des erlebten traumatischen Ereignisses wieder erlebt. Diese Reize werden in der Psychologie als »Trigger« (deutsch: Auslöser) bezeichnet. Dabei kann es sich beispielsweise um ein Wort, Bild, Geräusch oder einen Geruch handeln. Trigger sind nicht immer rational oder für andere erkenntlich. Jeder von uns hat individuelle Erfahrungen, die seine Reaktionen auf bestimmte Situationen beeinflussen können.

Gerade weil der Begriff »Trigger« im Zusammenhang mit gefühlsmäßiger Aufregung heute inflationär verwendet wird, ist es umso wichtiger zu verstehen, dass Sensibilität im Umgang damit erforderlich ist. Um es zu verdeutlichen: Angenommen, jemand wurde in der Vergangenheit von einem Hund angegriffen und traumatisiert. Auch Jahre später kann der Anblick eines ähnlich aussehenden, bellenden Hundes in einem Park die Erinnerung an das traumatische Erlebnis und die damit verbundenen heftigen Emotionen auslösen. Oder auf einer Party wird hitzig über ein kontroverses Thema diskutiert, das für eine der Anwesenden persönliche Werte oder Überzeugungen berührt. Wenn diese Person in der Vergangenheit aufgrund ihrer Ansichten gemobbt oder diskriminiert wurde, kann die Diskussion starke Ängste auslösen, ihren Standpunkt zu vertreten, und sie möchte der Situation am liebsten entfliehen.

Stellst du fest, dass du auf bestimmte Situationen, in denen du keiner tatsächlichen Gefahr ausgesetzt bist, extrem reagierst und dies deine Lebensqualität einschränkt, kann es sein, dass du von ungelösten Traumata bestimmt wirst. In diesem Fall ist es sinnvoll, sich professionelle Hilfe zu suchen. Ein Trauma ist sehr komplex, hat zahlreiche Ausprägungen und Folgen und sollte nur von ausgebildeten PsychotherapeutInnen oder PsychiaterInnen behandelt werden.

So können Reaktionen auf Trigger im Alltag aussehen:

- **Kampf (Fight):** Du wählst Kontrolle und Macht, um dich zu behaupten. Mögliche Anzeichen: Anwendung körperlicher oder psychischer Gewalt, Ausdruck von Aggression durch Schreien, Beleidigen, Diskriminieren
- **Flucht (Flight):** Du flüchtest aus der Situation, den Gefühlen und Gedanken. Mögliche Anzeichen: Ängste, Kontaktabbruch, Perfektionismus, Süchte

- **Starre (Freeze):** Du wirst handlungsunfähig und fühlst dich ausgeliefert. Mögliche Anzeichen: Sprachlosigkeit, Isolation, Dissoziation (Trennung von Wahrnehmung, Denken, Handeln und Fühlen)
- **Zwanghafte Freundlichkeit und Unterwerfung (Fawn):** Du hast ein übermäßiges Harmoniebedürfnis und passt dich extrem an. Du kannst keine Grenzen setzen. Mögliche Anzeichen: Unterordnung, falsches Lächeln, Zurückhaltung von Gedanken und Meinung, Co-Abhängigkeit in Beziehungen, Gefühle von Ablehnung durch andere, Konfliktvermeidung

Auch unsere innere Kommunikation hat immensen Einfluss auf uns und unser Nervensystem. Paul Gilbert, Professor für Klinische Psychologie an der Universität von Derby in Großbritannien, ist einer der gefragtesten Experten zu Mitgefühl und Depression. Gilbert vertritt die Auffassung, dass unser Nervensystem bei destruktiver Selbstkritik besonders alarmiert ist, weil wir gleichzeitig der Angreifer und der Angegriffene sind. Aber die gute Nachricht ist: Eigenkommunikation können wir bewusst verändern und uns so von unserem inneren Feind zu unserem inneren Freund wandeln.

Sei freundlich mit dir

Selbstmitgefühl ist die Lösung, um für Sicherheit und Ruhe in unserem Inneren zu sorgen. Besonders erforscht hat das Kristin Neff, Professorin für Psychologie und Persönlichkeitsentwicklung an der Universität von Texas in Austin. Als Erste, die das buddhistische Konzept des Selbstmitgefühls psychologisch erforschte, definierte sie: »Selbstmitgefühl sagt: ›Sei freundlich zu dir mitten im Leiden.‹, Achtsamkeit fragt: ›Was erlebe ich?‹, Selbstmitgefühl fügt hinzu: ›Was brauche ich?‹« Achtsamkeit und Selbstmitgefühl bringen uns in einen Zustand der warmherzigen Akzeptanz in schwierigen Momenten unseres Lebens. Häufig erkennen wir unseren Schmerz in schwierigen Zeiten nicht an und wollen ihn weder fühlen noch akzeptieren. Neff ist überzeugt, dass Selbstmitgefühl dieselben Vorteile hat wie ein hohes Selbstwertgefühl, ohne dessen Schattenseiten der Selbstüberhöhung. So konnte widerlegt werden, dass es nicht dazu verleitet, sich zurückzulehnen und die Verantwortung für das eigene Handeln abzugeben, sondern eher motivierend und stärkend wirkt. Gerade in Situationen, in denen wir das Gefühl des Versagens empfinden, brauchen wir es: ob es ein Jobverlust ist, das Scheitern der Ehe oder ein nicht bestandener Test. Die Forschung zeigt, dass Selbstmitgefühl mit psychischem Wohlbefinden verbunden ist und dafür sorgt, dass Besorgtheit, Depressionen und Stress ab- sowie Glücksempfinden, Optimismus und Lebenszufriedenheit zunehmen.

Nicht nur bei emotionalen Schmerzen hilft Selbstmitgefühl, aus der Kritik- und Schuldspirale zu entkommen. Auch körperlicher Schmerz ist für viele Menschen ein Zeichen von Schwäche oder Versagen. Bei einer älteren Person, die sich gegen jegliche Unterstützung und Hilfestellung wehrt, stecken womöglich das Nicht-Akzeptieren-Wollen der veränderten Lebenssituation oder die Scham über die Beeinträchtigungen dahinter, die mit dem Älterwerden einhergehen. Sich selbst mit körperlichen Einschränkungen anzunehmen, statt gegen etwas zu kämpfen, das unveränderbar ist, bedeutet Selbstfürsorge und verhilft dazu, Frieden mit den Umständen des Lebens zu schließen.

Die drei Elemente des Selbstmitgefühls definiert Neff so:

- **Selbstfreundlichkeit:** Sich selbst gegenüber freundlich sein. Auf die eigenen Bedürfnisse fürsorglich eingehen und sich selbst schützen und unterstützen.
- **Gemeinsames Menschsein:** Das Wissen um die Zugehörigkeit und das Gemeinsame mit allen anderen Menschen erzeugt Gefühle der Verbundenheit.
- **Achtsamkeit:** Im gegenwärtigen Moment präsent sein. Vorurteilsfrei und zugewandt den eigenen Gedanken und Emotionen begegnen. Diese Anerkennung und Akzeptanz ermöglichen Fürsorge und Freundlichkeit.

Menschen mit statischem Selbstbild oder geringem Selbstwertgefühl können besonders von mangelndem Selbstmitgefühl betroffen sein, weil sie sich bestätigt fühlen, wenn etwas nicht auf Anhieb klappt oder sie scheitern. Die Kombination eines statischen Selbstbildes mit mangelndem Selbstmitgefühl ist keine Seltenheit, wie das folgende Beispiel illustriert.

Louise ist eine talentierte Künstlerin, die seit ihrer Jugend malt und zeichnet. Sie hat stets positives Feedback auf ihre Arbeiten erhalten und identifiziert sich sehr über ihre künstlerischen Fähigkeiten. Auch andere nehmen sie als begabte Künstlerin wahr und heben ihr Talent hervor. Louises Selbstwertgefühl ist stark von ihren Erfolgen abhängig. Seit einigen Monaten fühlt sie sich jedoch blockiert in ihrer Kreativität, und ihre Arbeiten sind in ihren Augen nicht zufriedenstellend. Sie beginnt, sich selbst hart zu kritisieren. Unentwegt vergleicht sie ihre momentanen Werke mit früheren Werken und fühlt sich schlechter und schlechter. Ihre Angst, ihre Kunst in Zukunft nicht mehr in gewohnt hoher Qualität liefern zu können, behindert zusätzlich ihre Kreativität. Sie traut sich nicht mehr, ihre Bilder zu zeigen, weil sie Angst vor der Beurteilung durch andere hat. Sie fühlt sich zunehmend als Versager und erlebt alle anderen KünstlerInnen als talentierter. Der innere Druck erhöht die emotionale Anspannung, und sie verliert mehr und mehr die Freude an ihrer Arbeit.

Was würde sich für Louise durch Selbstmitgefühl und ein dynamisches Selbstbild verändern?

Würde Louise verinnerlichen, dass Kreativität nicht statisch ist, sondern Schwankungen unterworfen ist, könnte sie mehr Geduld und Akzeptanz mit sich entwickeln. Auch das Wissen um die Gefühle der Stagnation anderer KünstlerInnen könnte sie beruhigen, weil sie erkennen würde, dass sie nicht allein damit ist. Louise könnte verstehen, dass sie eine Pause braucht, um sich eine Zeit lang anderen Dingen zu widmen und sich wieder vom Leben inspirieren zu lassen. Sie würde sich erinnern, dass vor allem die Freude an der Kunst sie angetrieben hat, dieser nachzugehen und der Erfolg in ihrer Entwicklung liegt und nicht in der

Bewertung von außen. So könnte Louises Kreativität wieder fließen und sie erfrischt ihrer Leidenschaft nachgehen.

Teste deine Selbsteinschätzung

Um selbst eine Einschätzung zu erhalten, wie mitfühlend du dich behandelst, schaue dir folgende Aussagen an.

Bitte bewerte jede der folgenden Aussagen ganz spontan und schreibe die zutreffende Punktzahl auf:

1 = Trifft nicht zu.
2 = Trifft mal mehr und mal weniger zu
3 = Trifft vollkommen zu.

- Ich habe Verständnis für mich, auch in Situationen, in denen ich mich unzulänglich fühle.
- Wenn etwas nicht sofort klappt, wie ich es mir vorgestellt habe, versuche ich, geduldig mit mir zu sein und mir die Zeit zu nehmen, die ich brauche.
- In einer unangenehmen Situation versuche ich, meinen Teil der Verantwortung zu ermitteln, und gebe mir nicht die Schuld an allem.
- Wenn ich mich kraftlos und erschöpft fühle, versuche ich, mich fürsorglich zu behandeln, und achte auf meine Bedürfnisse.
- Auch wenn ich Fehler mache, weiß ich, dass das zum Menschsein dazu- gehört, und versuche, eine konstruktive Haltung mir gegenüber einzunehmen.
- Ich weiß, dass auch andere Menschen schwierige Zeiten erleben und ich nicht damit allein bin.
- Ich kann mich selbst beruhigen und mir die nötige Unterstützung, die ich brauche, geben.
- Bei Misserfolgen glaube ich nicht, dass ich schlechter bin als andere.
- Stehe ich vor einer Herausforderung, bin ich in der Lage, mir selbst Mut zu machen und mich zu motivieren.

Je höher der Gesamtwert der addierten Punktzahlen ist, desto höher liegt die Tendenz, dass du bereits mitfühlend mit dir umgehst. Wenn der Gesamtwert niedriger ist, mach dir keine Sorgen – Mitgefühl kannst du entwickeln und stärken. Die nächste Übung hilft dir dabei.

Beschäftige dich vorher noch mit den folgenden **Reflexionsfragen:**

- In welchen Situationen fällt es mir leicht, mitfühlend mit mir selbst umzugehen?
- In welchen Situationen fällt es mir schwer, mit mir selbst mitfühlend zu sein?
- Welche negativen Überzeugungen hindern mich daran, mitfühlend mit mir selbst zu sein?

All diese Überlegungen bilden eine gute Basis für die nächste Übung, die dich dabei unterstützt, mehr Mitgefühl mit dir selbst zu entwickeln.

Selbstmitgefühl entwickeln

Du brauchst einen Stift und Papier oder dein Journal.

Wir alle kennen Gefühle von Scham und Unsicherheit. Denke an eine Situation aus der Vergangenheit, in der du traurig warst oder einen Misserfolg erlebt hast. Es kann eine aktuelle Herausforderung sein, die du gerade zu bewältigen hast. Beispielsweise eine Situation, in der du etwas gesagt hast, was du bereust oder ein Fehler, den du bei der Arbeit gemacht hast. Vielleicht ein Verhaltensmuster, aus dem du bislang keinen Ausweg gefunden hast. Wie lautet ein typischer innerer Dialog deiner Selbstkritik?

- Schreibe die Situation auf. Welche Vorwürfe machst du dir? Welche Gefühle hast du? Angst, Trauer, Unsicherheit, Wut? Wie kannst du möglichst zutreffend deine Gefühle beschreiben?
- Wie lauten die Urteile, die du aufgrund der Situation über dich fällst? Zum Beispiel: »Ich Vollidiot! Noch nicht mal das

bekomme ich hin!« oder »Ich bin einfach zu dumm für diese Welt. Ich verstehe es nie!«

- Stelle dir nun vor, du müsstest die Gefühle eines anderen Menschen beschreiben, während du selbst die Gesamtsituation berücksichtigst. Beschreibe, wie es der Person geht, ohne es zu dramatisieren. Schreibe jetzt in der Ich-Form auf, was du dir überlegt hast. Beispielsweise mit diesem Satz: »Ich habe wirklich Sorge, dass meine Worte nachhaltig die Beziehung zu meiner Freundin verändern. Ich habe Angst vor der Konsequenz, sie möglicherweise zu verlieren, oder dass sie sich distanziert. Außerdem traue ich mich nicht, sie darauf anzusprechen.«
- Jetzt schreibe alle Gedanken auf, die dir helfen zu verstehen, dass du nicht allein mit deinen Gefühlen bist. Kennst du jemanden, der bereits Ähnliches erlebt hat? Was denkst du, hätte dir nicht passieren dürfen, aber ist auch schon mal anderen passiert? Glaubst du beispielsweise, dass noch niemand mal etwas gesagt hat, das verletzend war? Oder niemand je den falschen Ton getroffen hat und es im Nachhinein bereut? Glaubst du, dass andere eine perfekte Beziehung haben, in der es nie Konflikte gibt? Schreibe auf, warum dich deine Situation mit allen Menschen verbindet.
- Zuletzt versuche, dich in das Gefühl hineinzuversetzen, das eine liebevolle Freundin dir gegenüber hat, eine Freundin, die dich sehr gut kennt und schätzt. Überlege, was diese Freundin für dich empfindet. Sie kennt alle Schmerzen, alle Trauer, alle Freude und Erfolge aus deinem Leben. Sie versteht deine Lebensgeschichte und die unzähligen Ereignisse, die dazu geführt haben, dass du so bist, wie du bist. In deiner Vorstellung nimmst du die Rolle deiner Freundin ein und drückst dein Mitgefühl für dich aus. Was denkst du darüber, dass du dich so hart verurteilst? Schreibe in dieser liebevollen, unterstützenden Haltung auf, was du sagen möchtest. Zum Beispiel: »Ich verstehe, dass du gerade Angst hast, aber es ist vollkommen

normal, Fehler zu machen.« Wenn du mit deiner Freundin darüber sprichst, wird sie dich sicherlich verstehen und dir verzeihen können. Wir alle sagen mal Dinge, die wir nicht so meinen, und es ist wichtig, das zu klären. Eure Freundschaft beruht auf so viel mehr.

Beende die Übung mit diesen Reflexionsfragen:

Wie fühlst du dich jetzt gerade damit?

Glaubst du, dass dies dir hilft, dir in ähnlichen Situationen mit Mitgefühl zu begegnen?

Welcher Satz ist für dich besonders lindernd und könnte auf viele deiner Vorwürfe als Antwort dienen?

Selbstmitgefühl im Überblick

- Versuche, dich nicht selbst zu verurteilen und abzuwerten.
- Erinnere dich daran, dass deine Persönlichkeit sehr viel mehr ausmacht als ein Fehler.
- Akzeptiere Unvollkommenheit bei dir, so wie du sie bei anderen akzeptierst.
- Versuche, dich durch die Augen einer mitfühlenden, weisen Freundin zu sehen.
- Begegne dir mit einer freundlichen und zugewandten inneren Haltung.
- Versuche, herauszufinden, was du brauchst: Was ist passiert? Wie geht es mir? Was brauche ich? Wie sorge ich für mich? Gibt es jemanden, der mich unterstützen kann?

Biografiearbeit: Die eigene Lebens-geschichte erzählen

Unsere Prägung durch die Biografie

Ich liebe die Biografiearbeit: Sie ist eine strukturierte Form der Reflexion der eigenen Lebensgeschichte und gibt Aufschluss über unser Selbstbild und darüber, wie wir zu dem Menschen wurden, der wir heute sind. Jeder von uns hat eine ganz individuelle Geschichte, und jede dieser Geschichten ist es wert, gehört zu werden. Vor allem sollten wir unsere Geschichte mit ihren Schwierigkeiten, aber auch ihren Highlights kennen. Wenn wir uns mit dem beschäftigen, was uns geprägt hat, können wir Zusammenhänge verstehen und lernen, einen Umgang mit ihnen zu finden. Biografiearbeit ermöglicht uns, die Vergangenheit als Landschaft des Lebens zu erkunden und vorhandene Ressourcen und Stärken ausfindig zu machen. Wir können nachträglich verstehen, warum wir Entscheidungen getroffen haben, die durch frühere Erfahrungen in unserer Lebensgeschichte beeinflusst wurden. Die Versöhnung mit der eigenen Geschichte und die damit einhergehende Akzeptanz hilft uns, Verantwortung für unser Leben im Jetzt zu übernehmen. Damit eröffnen sich neue Möglichkeiten.

Unsere Identifikation basiert zum großen Teil auf unserer Biografie, wobei es nicht um eine Ansammlung von Daten geht, sondern um die Deutung, den Einfluss des Erfahrenen und das Annehmen des Erlebten. Es geht um Geschichten, Weltansichten, um Beziehungen und unser Bild von uns innerhalb all dessen. Das, was uns vertraut ist, das, was vergangen ist und uns immer noch in der Gegenwart begleitet. Gerüche, die wir mit glücklichen Momenten der Kindheit verbinden. Einen schmerzhaften Verlust, den wir erlebt haben. Ein Gericht, das uns mit dem ersten Bissen augenblicklich an den Tisch der Oma versetzt. Enttäuschungen von Menschen, die wir geliebt haben. Eine verpasste Chance, die uns bis heute wehmütig macht. Eine Sprache, die uns in die Heimat zurückbringt. Das Zurücklassen von Dingen, die uns lieb waren. Ein Lied, zu dem wir unsere Mutter in der Küche singen hören. Die Verletzungen, die wir anderen zugefügt haben. Eine Liebe, der noch heute ein Stück unseres Herzens gehört. Ein Lachen, das uns an den Vater erinnert. Alle Sinne sind verknüpft mit den Erinnerungen, die uns zu dem Menschen machen, der wir heute sind. Oft ist es die Rückschau, die uns besser verstehen lässt, was damals noch unklar erschien. Diskrepanzen zwischen dem, wie wir uns das Leben vorgestellt haben, und dem, wie es tatsächlich verlaufen ist, können durch Verständnis der Entwicklung in unserer Biografie anders bewertet und akzeptiert werden. So können wir Anteile, die verdrängt oder verleugnet wurden, integrieren und unsere Resilienz stärken. Das Wissen über unsere Vergangenheit können wir nutzen, um unsere Zukunft aufzubauen.

Reflektieren, um zu wachsen

Aspekte unserer Persönlichkeit, die uns unbewusst sind, können Selbstsicherheit geben, wenn wir erkennen, wie bedeutungsvoll und stärkend sie sind: Wie wir Ziele umsetzen konnten und welche unserer Fähigkeiten uns dabei geholfen haben. An der Reflexion über den eigenen Lebensweg liebe ich sehr, dass sie auch in jungen Jahren viele Geschenke bereithält, in denen wir Wachstumspotenziale erkennen können. Sie hilft uns also nicht nur dabei, zu definieren, wer wir sind, sondern auch, wer wir sein wollen. Da unser Unterbewusstsein nicht vollständig erschlossen werden kann, hilft es, sich von Zeit zu Zeit damit zu beschäftigen, was an die Oberfläche, also ins Bewusstsein kommt.

Wir erinnern uns an das dynamische Selbstbild: Offen für Veränderungen zu sein und Lernen als lebenslänglich anzusehen, ermöglicht uns, auf alle Ereignisse unseres Daseins flexibler zu reagieren. In der nachfolgenden Übung wird deutlich, wie wichtig es ist, sich von einer linearen Vorstellung des Lebensverlaufs zu trennen.

Die Lebenslinie

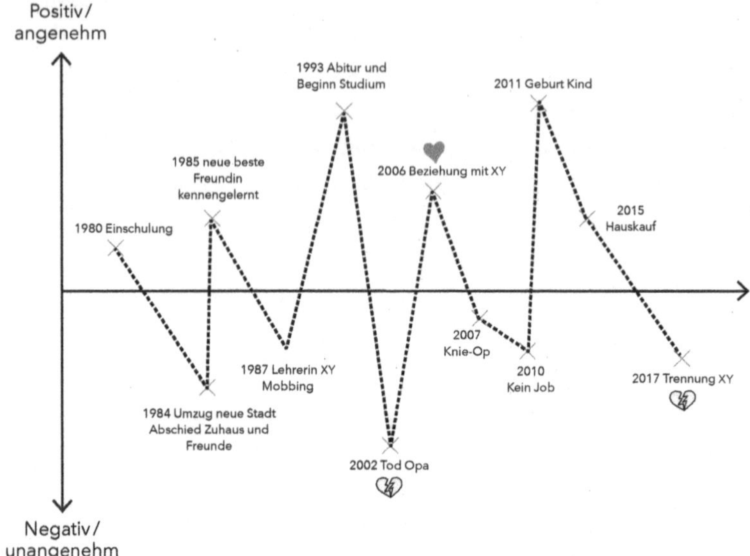

Du kannst für diese Übung einen langen Streifen Papier verwenden. Klebe dafür einfach einige DIN-A4-Blätter Papier in ihrer Länge zusammen. Wichtig ist, dass du eine Linie erschaffen und einzelne Punkte markieren kannst.

1. Male in die Mitte deines Papiers einen Zeitstrahl (siehe Grafik oben). Die obere Hälfte steht dabei für positiv bewertete Erfahrungen, die untere Hälfte für negativ bewertete Erfahrungen.
2. Wenn du möchtest, kannst du eine Farbe für die schönen Erinnerungen wählen und eine andere für die weniger schönen. Je nachdem, wie du die Bewertung vornimmst (je weiter oben, desto positiver, je weiter unten, desto negativer), markierst du sie mit einem X, neben dem du die Ereignisse als Stichwörter notierst.
3. Ganz links kannst du mit dem Startpunkt, also deinem Geburtsdatum oder -jahr beginnen. Von hier aus wandere

durch deine Vergangenheit nach rechts auf dem Zeitstrahl: Welche prägenden Erfahrungen hast du gemacht? Was waren Meilensteine? Dazu gehören vielleicht Einschulung, wichtige Freunde, Haustiere, Schule, Kinder, Umzug, Urlaub, eigene Wohnung, Partnerschaft, Trennung, Verlust, erreichte Ziele, Jobs …

4. Nachdem du alle Ereignisse deines Lebens notiert und bewertet hast, verbindest du die Punkte chronologisch. Vielleicht wird dir bewusst, wie viele Höhen und Tiefen das Leben hat, und du staunst darüber, was du bereits alles erlebt hast.
5. Nimm dir Zeit, deine Lebenslinie auf dich wirken zu lassen.
6. Ein Notizbuch hilft dir, deine Gedanken festzuhalten. Was hat dich besonders geprägt? Was war ein wichtiger Wendepunkt? Wie hast du die Schwierigkeiten und Herausforderungen des Lebens gemeistert? Welche deiner Stärken oder Fähigkeiten haben dich dabei getragen? Welche Menschen waren an deiner Seite? Was hast du daraus gelernt? Wovon hast du dich verabschiedet? Was hat dir Kraft gegeben? Kannst du ein Muster in deinem Leben erkennen, also Dinge, die sich auf eine bestimmte Weise wiederholen? Bewertest du sie positiv oder negativ? Gibt es etwas, das du verändern möchtest? Wenn ja, welche Schritte möchtest du einleiten?
7. Lass dir ein paar Tage Zeit, um Klarheit über das wichtigste Ereignis zu bekommen. Was hatte den größten Einfluss auf dein Leben? Was hast du dafür loslassen müssen, und was hast du gewonnen?
8. Es kann sein, dass dir im Laufe der Zeit weitere Erinnerungen einfallen. Bewahre die Lebenslinie auf, sodass du darauf zugreifen und sie vervollständigen kannst.

Vielleicht möchtest du dir eine Erinnerungsbox anlegen. Darin kannst du deine Lebenslinie aufbewahren und fortführen, Briefe oder Karten der Familie oder Freunde sammeln. Auch Fotos, ein Kuscheltier, Kinderbuch oder andere Erinnerungsstücke finden hier Platz.

Innere Bilder vervollständigen

Es sind die Menschen, die uns prägen und unsere Erfahrungen mit ihnen. Das, woran wir uns heute erinnern, wurde im Moment des Erlebens bereits selektiert, also ausgewählt. Wie bereits erwähnt, nehmen wir wahr, worauf wir ausgerichtet sind. Oft erscheinen unsere Erinnerungen wie ein zerschnittenes zerknülltes Foto: Einzelne Teile liegen direkt vor unserem inneren Auge und können klar abgerufen werden, andere Teile sind zerknittert oder fehlen, und wir können sie nicht vollständig erkennen. Manchmal gibt es Momente, in denen das verblichene Foto neue Aspekte erhält, wenn wir uns an Details erinnern, die uns vorher nicht bewusst waren. Wir können das Bild vervollständigen, und doch wird es nie das abbilden, was tatsächlich gewesen ist. Für uns ist von Bedeutung zu verstehen, welchen Einfluss das Bild auf uns hatte. Die nächste Übung hilft dir, das herauszufinden.

Die Verbindungen meines Lebens

Was du brauchst: alte Fotos oder innere Bilder, Klebstoff, Papier oder ein Notizbuch, mehrere farbige Stifte

- Suche dir ein paar Bilder aus deiner Kindheit heraus. Ich habe Bilder aus Fotoalben abfotografiert und dann für mich entwickeln lassen. Genauso gut kannst du Bilder aus deiner Erinnerung zeichnen oder beschreiben. Vielleicht findest du ein paar Momentaufnahmen, die dich besonders berühren. Bilder von deinen Eltern, Bezugspersonen, Großeltern, Geschwistern, Freunden, von dir als Kind.
- Klebe das Foto auf ein Papier, eine Pappe oder in ein schönes Notizbuch.
- Suche dir eine Farbe aus und schreibe um das Bild herum auf,

welche schönen Erinnerungen du mit dem Menschen verbindest. Nimm eine neue Farbe und schreibe Wörter auf von Gefühlen oder Gegenständen, die du mit ihm verbindest. Was hat die Person immer bei sich gehabt, welche Gerichte gekocht, welche Wörter benutzt, oder welches Parfum trug sie? Hatte sie Lieblingslieder oder -künstlerInnen? Spiel die Musik, die du mit ihr verbindest.

- Mit einer anderen Farbe schreibst du auf, was du von diesem Menschen gelernt hast oder was dich inspiriert hat. Wo wirkt er heute noch durch dich hindurch?
- Vielleicht erinnerst du dich an besondere Orte aus deiner Vergangenheit. Male oder schreibe den Ort auf ein extra Blatt. Auch hier wählst du verschiedene Stifte aus, die beschreiben, welche Gefühle und Erinnerungen es dazu gibt.
- Du kannst Verbindungen ziehen und die Personen durch Linien miteinander verbinden. Entweder klebst du einzelne Blätter aneinander und ziehst die Linien über das Papier hinweg auf das nächste, oder du setzt im Notizbuch die Linie auf der nächsten Seite wieder an.

Die Melodien deines Lebens

Die ersten Schuljahre und in den ersten Jahren meines Berufslebens verbrachte ich die Mittagszeit bei meinen Großeltern. Stets lief der Regionalsender NDR1 im Hintergrund. Noch heute kenne ich viele Songs der 1960er und 1970er in- und auswendig. Wenn ich »Sailing« von Rod Stewart höre, sehe ich Oma am Herd stehen, um für mich Mittagessen zu kochen, oder höre uns in der Küche singen und summen. Diese Musik ist wie ein Zuhause für mich. Die Lieder, die wir als Kind gesungen haben oder die uns vorgesungen wurden, bewegen uns noch heute. Die Musik unserer längsten Nächte, in denen wir auf Tischen in einer Bar tanzten, oder der Song, den wir mit der ersten großen Liebe verbinden.

Zu welchen Melodien wir uns auf einer Beerdigung von einem geliebten Menschen verabschieden mussten oder zu welchen wir auf einer Hochzeit tanzten. Musik schafft es, die ganze Bandbreite der Emotionen in uns zu wecken. Und das schon vor der Geburt: Embryos können ab dem fünften Schwangerschaftsmonat akustische Signale wahrnehmen. Die Stimme der Mutter ist deswegen von Anfang an besonders vertraut.

Songs-of-my-life Playlist

Überlege dir, welche Lieder dich schon dein Leben lang begleiten. Beginne in deiner Kindheit und wandere über die Jugend bis ins Erwachsenenalter. Welche Musik hörst du gern, und welches Gefühl verbindest du damit? Welche Geschichte fällt dir zu den Liedern ein? Schreibe deine Erinnerungen dazu auf. Lege dir eine Playlist an, damit du in Gedanken zu den Gefühlen und Erinnerungen zurückkehren kannst, wenn du möchtest.

Ich habe beispielsweise meine Eltern gefragt, welchen Lieblingssong sie haben und was sie mit ihm verbinden. Darüber habe ich interessante Einblicke in besondere Momente oder Zeiten ihres Lebens erhalten und denke an sie, sobald ich den Song höre. So können wir musikalisch in Verbindung mit unseren Erinnerungen bleiben, wenn wir es wünschen.

Eine andere Möglichkeit, sich mit der eigenen Geschichte auseinanderzusetzen, bietet unser Körper, der uns auf allen Reisen durch das Leben begleitet. Du kannst diese Meditation während eines Spaziergangs machen oder dir zu Hause einen schönen Platz suchen, wo du dich hinsetzt und hinlegst.

Meditation: Wohin mich meine Füße tragen

Nimm dir etwa 30 Minuten Zeit. Wähle einen entspannten Ort, an dem du zur Ruhe kommen kannst. Atme tief durch und strecke dich da, wo du gerade etwas Platz im Körper benötigst. Bewege deinen Kopf von der Mitte zur linken Schulter, senke ihn in Richtung deiner Brust und wandere zur rechten Schulter. Hebe den Kopf hier an und komme zurück zur Mitte. Schließe deine Augen für einen Moment.

Spüre in deine Füße und bewege die Fußspitzen etwas. Diese Füße haben dich schon durch dein ganzes Leben getragen. Von deiner Geburt an haben sie dir geholfen, dich fortzubewegen. Irgendwann kamen die ersten wackligen Schritte, mit denen du die Welt erkundet hast. Du bist auf Freunde zugerannt oder von ihnen weg. Deine Füße helfen dir, anderen näherzukommen und dich von ihnen zu entfernen. Sie bringen dich dorthin, wo du hinmöchtest. Sie helfen dir, dich zu entfernen, wenn du weg möchtest. Deine Füße haben schon oft den ersten Schritt gemacht. Als du unsicher warst und dich trotzdem getraut hast. Als du gereist bist und sie ins Meer gehalten hast oder sie einen Berg erklommen haben. Als du getanzt hast, bis sie wehtaten, oder als du sie hochlegen musstest, weil sie müde waren. Deine Füße sind zuverlässig für dich da. Sie begleiten dich dein Leben lang und gehen viele Wege. Mal in Begleitung von anderen Menschen oder Tieren und mal allein. Frage dich:

- Welcher Weg war der schwerste?
- Welcher Weg war der leichteste?
- Welchen Weg hoffst du noch zu gehen?
- Wo stehst du gerade?

Wenn du möchtest, schreibe deine Antworten auf.

Identität:
Ganz ich sein

Genetische Veranlagung und persönliche Potenziale

Die Forschung hat nachgewiesen, dass Persönlichkeitszüge zu einem großen Anteil vererbbar sind. Das bedeutet, dass beispielsweise eine starke Veranlagung zu Traurigkeit, Wut oder Angst schon in unseren Genen liegen kann. Deshalb ist es umso wichtiger, sich mit der eigenen Persönlichkeit auseinanderzusetzen und die Stellschrauben zu kennen, die wir tatsächlich drehen und so eine gewisse Erleichterung erleben können. Auch ein negatives Selbstbild wird also durch die genetische Veranlagung beeinflusst, die wiederum unsere Empfindungen beeinflusst. Ebenso können wir nicht steuern, in welchem Land wir von welchen Eltern geboren werden oder mit welchem religiösen Glauben wir in den ersten Lebensjahren aufwachsen. Alle diese Informationen sind unter anderem Bestandteil unserer Identität. Jeder Mensch verfügt darüber hinaus über Anlagen und Potenziale, die er nutzen kann. In der Lotterie des Lebens gibt es förderliche und weniger förderliche Umstände, die den Boden unserer Möglichkeiten bilden.

Identität als veränderliche Größe

Unsere Identität ist eine Selbstbeschreibung von dem, was uns persönlich ausmacht, und gleichzeitig eine Identifikation über die Mitglieder der Gruppe, der wir uns zugehörig fühlen. Gruppenidentitäten sind ein notwendiger Prozess, um unsere Persönlichkeit zu bilden. Indem wir uns definieren und in anderen erkennen, können wir Identisches aneinander feststellen und Resonanz erfahren. Der Religionsphilosoph Martin Buber formulierte, dass der Mensch erst am Du zum Ich wird. Unsere Familie und die Menschen, mit denen wir aufgewachsen sind, formen besonders unsere Identität. Die kulturelle Identität wiederum wird durch Herkunftsland, Sprache, Religion, Bräuche und Traditionen oder, wie bereits erwähnt, durch das Zugehörigkeitsgefühl mit bestimmten Werten und Gruppen bestimmt.

Dinge wie unser Geburtsort, Fingerabdruck oder unsere DNA sind unveränderliche Anteile unserer Identität, andere hingegen nicht: Unsere Glaubenssysteme, unsere Weltsicht und wie wir unsere Möglichkeiten einschätzen, verändern sich mit der Zeit durch unsere Erfahrungen. Diese werden unter anderem durch unser Erleben, die Wahrnehmung unseres Selbst innerhalb des Erlebten, andere Menschen und die Umwelt geprägt. Wir können neue Erfahrungen machen und alte Überzeugungen bestätigen oder neue erschaffen. Unsere Identität ist also nicht hundertprozentig festgeschrieben und muss wechselnden Bedingungen angepasst werden – eine lebenslange Aufgabe für uns alle. Zusammenfassend lässt sich sagen, dass die Persönlichkeit auf die Merkmale und Eigenschaften bezogen ist, die einen Menschen einzigartig machen. Die Identität hingegen stützt sich auf das Konzept, wer eine Person ist und wie sie sich selbst sieht.

Individualität und Prägung

Das Wichtigste und Wertvollste, was wir in einer Welt finden können, die versucht, uns zu definieren und in Schubladen zu stecken, sind wir selbst – unsere Individualität. Wie ein Bild, das mit jedem Pinselstrich erst im Gesamten an Wert und Bedeutung gewinnt: wie wir denken, uns ausdrücken, wofür wir stehen und wer wir sind. Weg von dem, was wir sein sollen. Zurück zu dem, wer wir bereits sind. Das erfordert Reflexion, Akzeptanz, Mut und Rückgrat. Wir alle sind Einflüssen ausgesetzt, sobald wir am Leben teilhaben. Wichtig ist nur, sich selbst und das, was um uns herum passiert, immer wieder mit Abstand zu betrachten. Ich möchte anhand zweier Beispiele aufzeigen, wie die Familie den Verlauf unseres Lebens, Weltbildes und Selbstbildes prägt.

Lena ist in einer Familie aufgewachsen, in der eine strenge Arbeitsethik hoch geschätzt wurde. Die Eltern führten ein Unternehmen und erzogen sie dazu, hart zu arbeiten und nach außergewöhnlichen Leistungen zu streben. Sie erlebte die Eltern als häufig abwesend und gestresst. Ihre Fehler wurden meist nicht toleriert und, um ihre Eltern nicht zusätzlich zu belasten, stellte sie ihre Bedürfnisse und Wünsche zurück. Ihr war klar, dass von ihr beruflicher Erfolg erwartet wurde. So ist Lena als Erwachsene zu einer ehrgeizigen, hochmotivierten Berufstätigen geworden. Sie arbeitet hart, setzt sich hohe Ziele und verfolgt sie mit Entschlossenheit. Allerdings fühlt sie sich oft überfordert und gestresst, weil sie sich selbst viel Druck macht und perfekte Ergebnisse erzielen will. Kritik oder Misserfolg erlebt sie als persönliches Versagen und ist schnell entmutigt, wenn sie nicht die gewünschte Anerkennung erhält. Mit etwas Abstand und Reflexion wird Lena bewusst, dass es ihr genauso ergeht wie ihren Eltern. Ihre familiäre Prägung hat dazu geführt, dass sie sich stark über ihre Leistung definiert und sich selbst nur dann wertvoll fühlt, wenn sie außerordentliche Erfolge erzielt. Dass dieser Perfektionismus zu einer hohen Belastung führt, spürt sie bereits jetzt. Er hält sie davon ab, das Leben auch außerhalb der Arbeit zu genießen und ein ausgewogenes Verhältnis zwischen Beruf und Privatleben zu finden.

Ein anderes Beispiel: Cala wächst in einer Familie auf, in der traditionelle Werte und kulturelle Normen stark betont werden. Ihre Eltern stammen aus einem Land mit einer konservativen kulturellen Prägung, in der Geschlechterrollen klar definiert sind. So wird Cala erzogen, sich an diese kulturellen Normen zu halten und die Erwartungen ihrer Familie zu erfüllen. Heute, als junge Erwachsene, findet sich Cala oft in einem inneren Konflikt zwischen den traditionellen Werten ihrer Familie und den modernen Werten, die sie in ihrer Umgebung erlebt. Sie möchte unabhängig sein, ihre Entscheidungen treffen und ihre Karriere vorantreiben. Gleichzeitig fühlt sie sich jedoch verpflichtet, ihre Eltern nicht zu enttäuschen, und möchte ihre kulturellen Werte bewahren. Die Zerrissenheit zwischen Tradition und Individualität bestimmt mehr und mehr ihr Erwachsenwerden. So versucht sie, einen Mittelweg zu finden, der es ihr ermöglicht, ihre kulturellen Wurzeln wertzuschätzen, aber auch ihr Leben nach ihren Vorstellungen zu gestalten. Indem sie sich mit ihrer Herkunft auseinandersetzt und ihre eigenen Werte klar definiert, kann Cala schließlich einen Weg finden, ihre Identität und Zugehörigkeit zu kulturellen Werten in Einklang mit ihren persönlichen Zielen und Wünschen zu bringen.

Wenn wir das Privileg haben, Familienmitglieder um uns zu haben, zu denen wir in guter Verbindung stehen, können wir mehr über die Vergangenheit der Familie erfahren. Sie erinnern sich vielleicht, welche Eigenschaften schon der Uropa hatte, woher die Ahnen stammten und wie sie lebten, welcher Glaube und welche Erwartungen weitergetragen wurden. Das Verständnis der eigenen Familiengeschichte kann eine wertvolle Möglichkeit sein, um die Wurzeln, Muster und Prägungen zu erkennen, die unser Leben beeinflussen. Frage dich, welche Parallelen du erkennen kannst und was du daraus mitnehmen möchtest. In der nächsten Übung findest du zahlreiche Fragen, die du für dich beantworten oder in einem Interview mit deinen Familienmitgliedern nutzen kannst. Übrigens ist es auch eine schöne Möglichkeit, die Antworten als Sprachmemo oder Video aufzuzeichnen.

Fragen an unsere Familie

Um mehr über dich zu erfahren, befrage ein Familienmitglied oder eine Bezugsperson, mit dem oder der du dich wohlfühlst. Jemanden, mit dem du aufgewachsen bist, aus der Generation vor dir. Genauso kannst du diese Fragen auch nur für dich beantworten.

- Aus welchen Herkunftsländern oder -regionen stammen unsere Vorfahren? Wie und warum sind sie in das Land oder die Region gekommen, in dem oder der ich jetzt lebe?
- Welche besonderen Herausforderungen oder Schwierigkeiten mussten meine Vorfahren bewältigen, und wie haben sie diese gemeistert?
- Welche historischen Ereignisse oder kulturellen Umstände haben das Leben meiner Familie beeinflusst?

- Welche Familientraditionen wurden von Generation zu Generation weitergegeben, und welche davon halten wir heute noch aufrecht?
- Welche Bedeutung hatten Religion oder Glaube in meiner Familie, und wie haben sie das Leben der einzelnen Familienmitglieder beeinflusst?
- Welche Geschichten oder Anekdoten werden über meine Vorfahren erzählt? Welche Werte oder Lehren wurden in diesen Erzählungen vermittelt?
- Gibt es bestimmte Berufe oder Talente, die in unserer Familie häufig auftreten? Wie haben sie die Lebenswege meiner Verwandten beeinflusst?
- Wie wurden in meiner Familie Gefühle und Emotionen ausgedrückt? Gab es offene Gespräche über Gefühle, oder wurden sie eher unterdrückt?
- Welche Rollen spielten die Geschlechter in meiner Familie? Gab es traditionelle Rollenmuster, und/oder haben sie sich verändert?
- Wie wurde in meiner Familie mit Konflikten umgegangen? Gab es bestimmte Muster oder Strategien, um Streitigkeiten zu lösen?
- Wie hat sich meine Familie im Laufe der Zeit verändert? Welche bedeutenden Ereignisse oder Veränderungen haben das Leben meiner Familie geprägt?
- Welche familiären Rituale oder Feiern fanden in meiner Kindheit statt, und wie haben sie mich geprägt?
- Gibt es bestimmte Familiengeheimnisse oder unausgesprochene Themen, die sich auf das Leben meiner Familie ausgewirkt haben?
- Welche besonderen Beziehungen oder Bindungen gab es zwischen bestimmten Familienmitgliedern, und wie haben sie sich entwickelt?
- Welchen (unausgesprochenen) Auftrag gibt es für jeden Ein-

zelnen innerhalb der Familie? Was glaube ich, muss ich erfüllen? Mögliche Bereiche: Familie, Karriere, Erfolg, Leistung, soziales oder kirchliches Engagement, körperliche oder geistige Arbeit?
- Welche Arten von Herausforderungen oder Konflikten sind in meiner Familie häufig aufgetreten, und wie haben sie sich auf die Beziehungen zueinander ausgewirkt?
- Welche Überzeugungen und Werte wurden in meiner Familie besonders geschätzt, und wie haben sie meine Entwicklung beeinflusst?
- Wie wurden in meiner Familie Bildung, Karriere und persönliche Ziele gefördert oder eingeschränkt?
- Gibt es in meiner Familiengeschichte besondere Beispiele von Resilienz oder außergewöhnlicher Stärke, die mich inspirieren?
- Wie hat sich die familiäre Identität im Laufe der Generationen entwickelt, und welche Bedeutung hat sie für mich persönlich?

Nimm dir Zeit, um die Antworten auf dich wirken zu lassen. Gibt es etwas, das dich gerade besonders beschäftigt oder was du vertiefen möchtest? Schreibe es auf. Im Verlaufe des Buches wirst du deine Werte ermitteln und vielleicht weitere Erkenntnisse für dich daraus ziehen können.

Selbstbestimmung und Rollenbilder

Wir wissen, um selbstbestimmt zu leben, ist es notwendig, sich mit sich selbst und der eigenen Biografie auseinanderzusetzen. Dazu gehören auch der Einfluss des Patriarchats und die damit einhergehenden geschlechtsspezifischen Erwartungen, die einen enormen Einfluss auf unser Leben haben. Wir wurden in ein System geboren, das von Männern geprägt und kontrolliert wurde und Frauen von der Gestaltung weitgehend ausschloss. Traditionelle Geschlechterrollen wie Hausarbeit, Kindererziehung und emotionale Fürsorge wurden fast ausschließlich von Frauen ausgefüllt, während Männer häufig mit den Rollen des

Ernährers und der Autoritätsperson assoziiert wurden. Natürlich hat das viele Menschen in ihrer Entfaltung eingeschränkt, und so konnten individuelle Interessen und Fähigkeiten nicht verfolgt werden. Die Chancenungleichheit betraf und betrifft heute noch Bildung, Karriere und wirtschaftliche Möglichkeiten. Das Patriarchat festigte innerhalb der Familie bestimmte Geschlechterrollen und Machtstrukturen, die vielfach bis heute wirken.

Wenn die Art und Weise, wie wir aufgewachsen sind, auf einer ungleichen Verteilung von Verantwortung und Entscheidungsgewalt beruht, hat dies wahrscheinlich viele Auswirkungen auf unsere Gegenwart. Auch um sich der Familie zugehörig zu fühlen, neigen wir dazu, unbewusst fest verankerte Strukturen fortzuführen. Daher steckt so viel Kraft dahinter, ein Muster in der Familie zu erkennen, um Veränderung einleiten zu können. Sei beispielsweise die Erste in deiner Familie, die es schafft, eine gesunde Beziehung zu leben, die studiert, die nicht studiert, die in einem anderen Land lebt, die ihre Freundschaften pflegt, die sich traut, sich verletzlich zu zeigen, die eine Therapie macht, die keine Juristin wird, sondern ihrer Liebe zur Kunst nachgeht. Kurz gesagt: Finde heraus, was du möchtest.

In der folgenden Übung kannst du dich weiter auf Spurensuche begeben und das Bild erforschen, das in deiner Familie über Geschlechter gepflegt wird und wurde.

Geschlechterrollen und Stereotype

Bitte ersetze »Vater« oder »Mutter« mit »männlicher Bezugsperson« oder »weiblicher Bezugsperson«, wenn sich das für dich stimmiger anfühlt. Die Fragen kannst du für dich in Gedanken beantworten, sie in deinen Alltag mitnehmen und beobachten, wie du dich und andere darin erlebst, oder in deinem Notizbuch schriftlich festhalten.

- Welche Erwartungen wurden basierend auf meinem Geschlecht an mich gestellt?

- Wie haben diese Erwartungen meine Lebensentscheidungen beeinflusst?
- In welchen Bereichen meines Lebens habe ich das Gefühl, dass ich aufgrund meines Geschlechts benachteiligt wurde oder werde?
- In welchen Situationen habe ich das Gefühl, dass ich mich aufgrund meines Geschlechts behaupten oder rechtfertigen muss?
- In welchen Situationen habe ich das Gefühl, dass mein Geschlecht Einfluss darauf hat, wie ich wahrgenommen oder behandelt werde?
- Wie haben gesellschaftliche Erwartungen bezüglich der traditionellen Rolle des Geschlechts meine Beziehungen zu anderen Menschen beeinflusst?
- Inwiefern habe ich das Gefühl, dass ich aufgrund meines Geschlechts bestimmte Chancen oder Privilegien habe oder nicht habe?
- Welche gesellschaftlichen Erwartungen haben mich daran gehindert, bestimmte Interessen oder Fähigkeiten zu entwickeln oder auszuleben?
- Wie habe ich gelernt, meine Rolle als Mann oder Frau in Bezug auf Beziehungen, Familie und Beruf zu verstehen?
- Wie hat das Patriarchat meine Selbstwahrnehmung und mein Selbstwertgefühl beeinflusst? Inwiefern habe ich das Gefühl, dass mein Wert davon abhängt, wie gut ich bestimmten Geschlechterrollen entspreche?
- Welche persönlichen Erfahrungen habe ich gemacht, die darauf hindeuten, dass das Patriarchat Einfluss auf mein Leben genommen hat? (Zum Beispiel in Bezug auf Bildung, Karriere oder Beziehungen.)
- Wie beeinflusst das Patriarchat meine Vorstellungen von Männlichkeit und Weiblichkeit, und wie wirkt sich das auf meine Beziehungen und Kommunikation aus?

- Welche männlichen oder weiblichen Vorbilder wurden mir in meiner Familie, Kultur oder Gesellschaft gezeigt, und wie haben sie mein Verständnis von Geschlechterrollen beeinflusst?
- Welche Rolle hat mein Vater in der Familie gehabt? Was hat er getan, was meine Mutter nicht tat?
- Welche Rolle hat meine Mutter in der Familie gehabt? Was hat sie getan, was mein Vater nicht tat?
- Worüber bin ich innerhalb meiner Familie am meisten verärgert?
- Worauf bin ich innerhalb meiner Familie stolz?
- Welche Schritte könnte ich unternehmen, um mein Verständnis von Geschlecht und Geschlechterrollen zu erweitern und zu einer gerechteren Gesellschaft beizutragen?
- Welche Möglichkeiten habe ich, mich mit anderen Menschen auszutauschen, die ähnliche oder unterschiedliche Erfahrungen im Umgang mit dem Patriarchat gemacht haben, um voneinander zu lernen und Veränderungen anzustoßen?

Die Fragen eignen sich auch für Gespräche mit anderen, um noch mehr Klarheit über die Auswirkungen des Patriarchats auf dein Leben zu bekommen.

Selbstbewusstsein: Für sich einstehen

Mein Raum. Dein Raum. Unser Raum.

Ebenso wie unbewusste Schutzmechanismen unserem Selbsterhalt dienen, können wir auch bewusst und aus einem gesunden Selbstwertempfinden heraus dafür sorgen, uns zu schützen. Den Respekt, den wir vor uns selbst haben, lehren wir dadurch auch anderen. Wenn wir beispielsweise nicht zu erkennen geben, dass wir über ein gewisses Thema nicht sprechen möchten, und unser Gegenüber das nicht weiß oder spürt, kann es sein, dass wir immer wieder in unangenehme Situationen geraten.

Doch wer kennt das nicht: Wir ignorieren manchmal einfach unsere Belastungsgrenzen bei der Arbeit oder in Verbindung mit anderen Menschen. Unsere Verhaltensweisen sind zum großen Teil antrainiert und uns häufig nicht bewusst, sodass wir manchmal nicht merken, wie sie uns langfristig schaden. So ist es wichtig, ein bestimmtes Verhalten zu unterbinden oder einen Raum verlassen zu können, wenn unsere Grenze erreicht ist. Bisweilen reagieren besonders die Menschen negativ auf unser verändertes Verhalten, die am meisten von unseren fehlenden Grenzen profitieren. Das Setzen von Grenzen ist jedoch ein Ausdruck von Selbstachtung und -respekt, wir sind bereit, für uns einzustehen und uns nicht zu verbiegen, um anderen zu gefallen.

Mögliche Grenzen

Es gibt verschiedene Arten von Grenzen, die dazu dienen, unsere physische, emotionale oder geistige Integrität zu bewahren. Da sie individuell ausgeprägt sind, können sie von Mensch zu Mensch und von Situation zu Situation variieren:

Physische Grenzen: Sie helfen, den persönlichen Raum, in dem wir uns sicher fühlen, abzustecken und zu wahren. Du möchtest eine Person nicht automatisch bei jedem Treffen umarmen? Welche Dinge, die du besitzt, möchtest du nicht mit jemand anderem teilen? Welchen Abstand wünschst du dir zu einzelnen KollegInnen? Welche sexuellen Grenzen möchtest du für dich nicht übertreten?

Emotionale Grenzen: Um uns vor unangemessenen oder belastenden emotionalen Interaktionen zu schützen, ist es hilfreich, Grenzen bei bestimmten Themen oder Verhaltensweisen zu setzen. Dabei geht es beispielsweise um Beziehungen, Freundschaften oder berufliche Kontakte. Auch Gespräche über Politik, Religion und Weltanschauungen können emotional ausufern.

Geistige Grenzen: Geistige Grenzen schützen uns vor Überforderung oder Reizüberflutung. Wichtig ist, sich Prioritäten zu setzen, die Zeit zu begrenzen, sich einer Sache zu widmen, oder sich bewusst Zeit für sich selbst und Entspannung zu nehmen.

Zeitliche Grenzen: Indem wir unsere Verfügbarkeit für bestimmte Aktivitäten oder Verpflichtungen einschränken, sorgen wir für uns. So wie du deine Arbeitszeit organisieren kannst, ist es wichtig, deine Freizeit genauso ernst zu nehmen und die Zeit zu begrenzen, in der du dich Dingen oder anderen Menschen widmest. Beispielsweise, wenn du dich zwar gern mit jemandem treffen möchtest, aber einen Abend für dich allein brauchst.

Mithilfe der folgenden Übung kannst du deine Grenzen ausloten und benennen.

Meine Grenzen

Du kannst diese Übung schriftlich machen oder die Fragen in Gedanken durchgehen. Es bietet sich ebenso innerhalb deiner Beziehungen an, diese Fragen gemeinsam zu beantworten, um deine und die Grenzen der anderen Person besser kennenzulernen. So könnt ihr den Umgang miteinander und das gegenseitige Vertrauen stärken.

- Welche Situationen oder Beziehungen haben in der Vergangenheit dazu geführt, dass ich mich unwohl oder überfordert gefühlt habe? Welche Situationen fallen mir innerhalb meiner Familie, meines Berufes, in Freundschaften oder der Partnerschaft ein?
- Wie reagiere ich, wenn meine Grenzen verletzt werden? Fühle ich mich wütend, traurig, ängstlich oder hilflos?
- Wie fühle ich mich, wenn ich »Nein« sagen muss oder wenn mir Grenzen von anderen Menschen gesetzt werden?
- Bei welchen Emotionen oder Themen fühle ich mich unwohl, sie mit anderen zu teilen?
- Welche Auswirkungen haben meine Grenzen auf meine Beziehungen zu anderen Menschen? Fühle ich mich dadurch manchmal isoliert, oder unterstützen sie eine gesunde Beziehungsdynamik?
- Welche Ängste oder Bedenken habe ich in Bezug auf das Setzen und Verteidigen meiner Grenzen?
- Welche physischen Grenzen habe ich? Wie fühle ich mich dabei, wenn Menschen in meine persönlichen Räume eindringen?

Wenn du nun mehr Klarheit über deine Grenzen hast, überlege dir, wie du sie zukünftig kommunizieren und wahren möchtest.

- Wie kann ich meine Grenzen auf eine respektvolle und klare Weise kommunizieren?
- Welche Strategien kann ich entwickeln, um meine Grenzen in schwierigen oder konfliktreichen Situationen zu wahren?
- Wie kann ich mich darin üben, »Nein« zu sagen, wenn ich etwas nicht tun möchte oder wenn meine Grenzen verletzt werden?
- Wie kann ich trainieren, auf meine innere Stimme und Intuition zu hören, um meine Grenzen besser zu erkennen?
- Welche Veränderungen könnte ich in meinem Leben vornehmen, um sicherzustellen, dass meine Grenzen respektiert und geschützt werden?

- Welche Unterstützung und Ressourcen kann ich nutzen, um meine Fähigkeit zu stärken, klare Grenzen zu setzen und zu wahren?
- Welche Art von Unterstützung und Zuwendung benötige ich von anderen, um mich sicher und wohl zu fühlen?
- In welchen Situationen fühle ich mich besonders gestärkt und sicher, meine Grenzen zu verteidigen und warum?
- Welche Erfahrungen aus meiner Vergangenheit könnten meine Fähigkeit beeinflusst haben, klare Grenzen zu setzen und zu wahren?
- Wie kann ich mich selbst mit mehr Selbstmitgefühl behandeln, wenn ich meine Grenzen nicht sofort erkenne oder sie nicht sofort verteidige?
- Wie kann ich anerkennen und feiern, dass ich meine Grenzen erfolgreich gesetzt und durchgesetzt habe, um mein Selbstvertrauen zu stärken?

Wenn es dir hilft, kannst du kurze Aussagesätze formulieren, ohne dich dabei zu rechtfertigen. Zum Beispiel: »Ich möchte nicht, dass du in dem Ton mit mir sprichst. Bitte beruhige dich etwas und lass uns dann noch einmal reden.« Oder: »Ich fühle mich nicht wohl, wenn du mich in so eine Situation bringst, und möchte, dass du dieses Verhalten in Zukunft unterlässt, damit ich mich weiterhin sicher mit dir fühlen kann.« Oder: »Ich bitte Sie, mich zukünftig nicht auf meine Kleidung anzusprechen. Sollte es erneut vorkommen, wird das Konsequenzen haben.«

Unsere Mitte: Starker Rücken, weicher Bauch

Jeder Mensch muss eine ganz individuelle Balance zwischen Bindung und Autonomie in seinen Beziehungen finden. Diese zwei gegensätzlich scheinenden Grundbedürfnisse sind eng miteinander verbunden und abhängig voneinander, wenn es darum geht, ein Gleichgewicht in uns und unsere Bindungen zu bringen. Die Gefahr, sich im Kontakt mit anderen zu verlieren, variiert je nach Persönlichkeit, unserem Gegenüber und dem Verhältnis, in dem beide zueinander stehen. Zwei Tendenzen sind symptomatisch: Jemand neigt dazu, sich überangepasst zu zeigen, und verliert das Rückgrat, oder jemand dominiert oder übergeht andere. Wenn wir zu weich oder zu hart sind, entsteht ein unausgeglichenes Machtverhältnis, in dem niemand sein Gleichgewicht findet.

Die BRAVING-Checkliste

Ich möchte an dieser Stelle die BRAVING-Checkliste der US-amerikanischen Autorin Brené Brown vorstellen. Sie ist bekannt für ihre Bücher zu den Themen Mut, Empathie, Verletzlichkeit und Scham. In ihrem Buch *Entdecke deine innere Stärke* schreibt sie: »Wir alle müssen ein Leben lang lernen, unseren Rücken zu stärken, unseren Bauch weicher zu machen und auf das Flüstern unseres wilden Herzens zu hören.« Viele Menschen brauchen einen starken Rücken, um für sich einzustehen. Andere hingegen sollten ihren verhärteten Bauch entspannen, um wieder für andere und die innere Stimme zugänglich zu werden.

Es geht also darum, eine Balance zwischen Stärke und Sanftheit zu finden – wir brauchen diese, um mit anderen in einer Verbindung leben zu können, in der wir für uns und gleichzeitig mit dem anderen stehen können. Beides erfordert Mut, doch beides ist notwendig, um wahre Zugehörigkeit zu erfahren.

Die folgende Checkliste von Brené Brown soll dir als Zusammenfassung dienen:

BRAVING-Checkliste

1. **B**oundaries – Grenzen: Kenne deine Grenzen: wie du sie setzt und einhältst. Da du deinen Bindungsstil inzwischen vielleicht besser kennengelernt hast, weißt du, ob du ein stark ausgeprägtes Harmoniebedürfnis hast und dazu neigst, dich selbst zu übergehen. Erinnere dich, dass du auch akzeptiert wirst, wenn du selbstbestimmt lebst. Hast du Angst, Menschen zu enttäuschen, wenn du ihre Erwartungen nicht erfüllst, bleibst du abhängig von ihrer Zustimmung zu deiner Person.
2. **R**eliability – Verlässlichkeit: Lerne, zu deinem Wort zu stehen und deine Kompetenzen und Kapazitäten einzuschätzen. Verbinden wir Leistung mit Liebe und Anerkennung, neigen wir dazu, uns zu stark zu verpflichten oder anderen zu viel zu versprechen, um zu gefallen und unseren Selbstwert zu erhöhen.
3. **A**ccountability – Verantwortung: Übernimm Verantwortung und stehe zu deinen Fehlern. Denken wir an das dynamische Selbstbild, wissen wir, dass Fehler nicht unseren Wert angreifen. Es ist wichtig, Verantwortung für die eigenen Worte und Taten zu übernehmen und, wenn man im Unrecht ist, ehrlich um Entschuldigung zu bitten. Scham und Schuldgefühlen stellen wir uns, indem wir sie benennen und Selbstmitgefühl praktizieren.
4. **V**ault – Vertraulichkeit: Verstehe die Wichtigkeit, Informationen zu bewahren und zu erkennen, was weitererzählt werden darf und was nicht. Versuche Verbundenheit nicht auf Basis von Klatsch und Tratsch herzustellen. Frage dich, ob zu große Offenheit über Dinge, die andere Menschen betreffen oder die vertraulich sind, wirklich die Nähe schaffen, die du dir dadurch erwünschst.

5. **I**ntegrity – Integrität: Lebe nach deinen Werten, auch wenn es unbequem und schwierig wird. Entscheide dich für das, was richtig ist. Gehe nicht automatisch den leichtesten Weg. Versuche, Mut statt Bequemlichkeit zu wählen.
6. **N**onjudgment – Nicht-Werten: Lerne Hilfe anzunehmen, ohne dich dafür zu verurteilen. Dabei helfen dir die Übungen zum Selbstmitgefühl auf Seite 98 ff. Versuche, anderen zu helfen, ohne über ihre Situation zu urteilen. Bitte um Unterstützung und lasse andere dich um Unterstützung bitten. Lerne, über das zu sprechen, was du brauchst, ohne dich abzuwerten oder zu bewerten. Lasse auch andere mit der gleichen Haltung über ihre Bedürfnisse sprechen. Identifiziere dich nicht als »Helfer« oder »Problemlöser«.
7. **G**enerosity – Großzügigkeit: Lerne großzügig die Interpretationen, Worte oder Taten anderer zu akzeptieren.

Das körperliche Selbstbild

Zu unserem Selbstbild gehört auch die Wahrnehmung unseres Körpers. Um einen kleinen Einblick zu erhalten, worum es sich genau handelt, habe ich eine Expertin befragen dürfen, die ich seit einigen Jahren kenne und deren Arbeit ich sehr bewundere: Dr. Svenja Borchers studierte Kognitionswissenschaften sowie Neuro- und Verhaltenswissenschaften. Sie promovierte im Bereich der Neuropsychologie mit den Schwerpunkten Propriozeption, Bewegungssteuerung und Wahrnehmung. Sie schrieb das Buch *Der Yoga Effekt,* in dem es um den Zusammenhang zwischen Körper und Geist geht. Als Yogalehrerin unterrichtet sie Workshops zum Thema Embodiment und neurozentriertes Yoga. Sie befasst sich im folgenden Gastbeitrag mit dem körperlichen Selbstbild, das ebenfalls einen wichtigen Bestandteil unseres gesamten Selbstbildes darstellt.

Das körperliche Selbstbild – von Dr. Svenja Borchers

Es gibt eine enge Wechselwirkung zwischen unserer Körperhaltung und unserer Psyche. Beides, Körper und Gehirn, als Sitz unserer Psyche, haben sich im Laufe unseres Lebens gemeinsam entwickelt, geprägt und sind nicht losgelöst voneinander denkbar. Wir sprechen von einer beidseitigen Wechselwirkung: Unsere Psyche wirkt sich auf unseren Körperzustand aus, auf Körperausdruck, Körperhaltung, Körperspannung. Unser Körperzustand wirkt sich umgekehrt auch auf unsere Psyche aus. Diese Wechselwirkung wird als »Embodiment« bezeichnet, auf Deutsch: »Verkörperung«. Lange Zeit galt unser Gehirn vor allem als Denkorgan und unser Körper als Bewegungsapparat. Es gibt allerdings zahlreiche Studien, die uns zeigen, wie stark Körper und Gehirn verwoben sind und dass sie funktionell eine Einheit bilden.

Zur Verdeutlichung dieser Verknüpfung seien hier einige Studien herausgegriffen:

Selbstbewusstsein: Die Körperhaltung hat einen Effekt darauf, wie selbstbewusst wir uns fühlen. Die Wirkung sogenannter Machthaltungen wurde mehrfach untersucht. Diese zeichnen sich zumeist durch eine offene raumeinnehmende Haltung des Oberkörpers aus. Man stelle sich eine Person vor, die sich zurückgelehnt mit den Armen über benachbarte Stuhllehnen ausbreitet, oder einen Sportler, der als Erstes über die Ziellinie laufend die Arme nach oben streckt. In Studien wurde gezeigt, dass das Einnehmen einer solchen Haltung für bereits einige wenige Minuten einen Effekt auf das eigene Machtgefühl hat – zumindest im Gegensatz zu einer zusammengesunkenen, leicht vorgebeugten Körperhaltung. Wie weitreichend dieser Effekt der Machthaltungen tatsächlich ist, wird in der Wissenschaft kontrovers diskutiert. Unumstritten ist allerdings, dass sich eine zusammengesunkene Körperhaltung negativ auf unseren mentalen Zustand auswirkt, wie in einer Meta-Analyse der Universität Aarhus in Dänemark, der Columbia University in New York und der Universität Witten/Herdecke gezeigt wurde.

Gefühl des Stolz-Seins: In einer Studie von Sabine Stepper (1992) wurde untersucht, ob der Einfluss der Sitzhaltung (aufrechte versus gekrümmte Körperhaltung) Einfluss auf das Stolzgefühl für ein fiktives Lob hat. Tatsächlich war die Gruppe, die in einer aufrechten Sitzhaltung saß, signifikant stolzer auf das überdurchschnittlich gute Abschneiden in ihrem Test als die Gruppe, die in gekrümmter Körperhaltung saß.

Frustrationstoleranz: In einer Studie von Riskind und Gotay (1982) wurde gezeigt, dass Menschen, die zuvor acht Minuten in einer gekrümmten Körperhaltung saßen, in einer Folgeaufgabe signifikant früher frustriert waren und aufgaben, als Menschen, die sich zuvor in einer aufrecht sitzenden Körperhaltung befanden. Dies ist vor allem spannend, weil der Effekt nicht unmittelbar, sondern als Nachhall gemessen wurde und die beeinflussende Körperhaltung zum Testzeitpunkt schon wieder verlassen wurde.

Stimmungsregulation: In einer Studie der Universität Amsterdam haben Lotte Veenstra und Kollegen (2017) gezeigt, dass eine zusammengesunkene Körperhaltung nicht nur mit negativeren Gedanken assoziiert ist, sondern dass eine solche Haltung es uns erschwert, aus einer negativen Stimmung wieder herauszukommen und somit unsere Stimmung hin zu einer positiven mentalen Haltung zu regulieren.

Kopfbewegung und Einstellung (Affirmationen): In einer Studie mit Sportlern von Javier Horcajo (2019) wurde untersucht, welchen Effekt jeweils positive oder negative Aussagen zur eigenen Person im Zusammenhang mit vertikalen (bejahenden) versus horizontalen (widersprechenden) Kopfbewegungen hatten, bevor eine sportliche Übung durchgeführt wurde. Nicht erstaunlich war, dass positive Aussagen zur eigenen Person die Leistung im Durchschnitt in zwei von drei Durchgängen verbesserten. Erstaunlicher war aber vor allem, dass schon eine bejahende Kopfbewegung den Effekt signifikant verstärkte.

Diese starken Wechselwirkungen zwischen Körper und Gehirn sind auch der Grund, warum wir den mentalen Zustand anderer oft sehr schnell erfassen. Denn wenn wir sehen, wie eine andere Person sitzt oder geht, spiegelt unser Gehirn dieses Bild über unsere Empfindungen und Erinnerungen, sodass wir innerhalb weniger Augenblicke erahnen, in welcher Verfassung sich die andere Person gerade befindet. Dies mag uns nicht immer bewusst sein, aber intuitiv spüren wir es. Wie sehr wir uns dieser Zusammenhänge tatsächlich bewusst werden, hängt darüber hinaus davon ab, wie viel Aufmerksamkeit wir den Signalen aus dem Inneren unseres Körpers und Geistes schenken. Wie alles andere, wenn wir über Expertise sprechen, ist dies Übungssache. Je mehr wir uns darin üben, innezuhalten und aufmerksam unsere Gedanken und Empfindungen zu beobachten und möglichst ohne direkte Wertung wahrzunehmen, desto schneller wird uns dies im Alltag gelingen.

Körperliche Signale für Gefühlszustände
Die Tatsache, dass wir Gefühle im Körper wahrnehmen können, wie beispielsweise das Kribbeln im Bauch, einen Stich in der Brust oder wortwörtlich die Last auf unseren Schultern, wurde von Antonio Damasio, Neurowissenschaftler und Buchautor, bereits vor 30 Jahren als somatischer (körperlicher) Marker beschrieben. Dieses körperliche Signal gibt uns Hinweise darauf, wie wir uns gerade fühlen. Besonders bei stark emotionalen Ereignissen können wir dies als sehr eindrücklich und nachwirkend empfinden. Manchmal ist es vor allem dieses starke körperliche Gefühl, das in unserer Erinnerung das Gefühl von mentalem Schmerz oder von Leichtigkeit und Freude hinterlässt. Diese Erinnerungen, bestehend aus körperlich und mental abgespeicherten Erfahrungen, beeinflussen unsere Entscheidungen – oftmals unbewusst. Für diesen Zusammenhang von körperlich gefühlten Emotionen und dessen starke Verknüpfung mit unserem Handeln gibt es einen neurophysiologischen Grund: Unser Körperbild und unsere Bewegungsmuster sind in unserem Gehirn stark verknüpft mit jeglichen kognitiven Prozessen und emotionaler Verarbeitung.

Das Körperbild ist veränderlich
Unser Körperbild ist übrigens nicht statisch. Natürlich formt es sich stark im Kindesalter und in der Pubertät. Aber auch im Erwachsenenalter kann es sich ständig anpassen. Zahlreiche neurologische und psychiatrische Störungsbilder zeigen uns, dass das Bild, das wir von unserem Körper haben, weit komplexer und fragiler ist, als wir oft glauben. Doch Veränderungen des Körperbildes finden wir nicht nur im pathologischen Kontext, sondern geschehen regelmäßig in kleinen, oft unmerklichen Schrit-

ten. Denn unser Gehirn passt sich kontinuierlich den Erfordernissen an. Durch einfache Sinnestäuschungen können wir einen gesunden Menschen in einem experimentellen Aufbau in kurzer Zeit täuschen, sodass dieser glaubt, eine fremde Hand würde zum eigenen Körper gehören. Dieses sogenannte »Gummihand-Experiment« wurde in vielfachen Varianten repliziert und kann eindrücklich vermitteln, dass sich das Bild, das wir von unserem Körper haben, ein Leben lang anpassen kann – manchmal sogar in dramatischer Weise.

Lernprozesse brauchen Übung

Die Verbindung zwischen Körper und Geist ist nicht nur spannend, weil wir uns selbst durch achtsame Beobachtung besser verstehen lernen. Darüber hinaus können wir uns diese Verbindung zunutze machen und durch verschiedene Ansätze stärken: Aktive Bewegung und bewusste Körperkontrolle, die Interozeption, also das achtsame Üben der wertfreien Wahrnehmung der Signale aus dem Inneren des Körpers sowie die Beobachtung der Gedanken, helfen uns dabei. Alle diese Aspekte spielen eine wichtige Rolle in der Yogapraxis, und so kann Yoga uns dabei helfen, unseren Körper anzunehmen, wertzuschätzen und wiederum zielgenau einzusetzen. Eins ist allerdings wichtig zu verstehen: Es handelt sich dabei um einen Lernprozess, der Zeit und beharrliches Üben braucht. Leider gibt es keinen Schalter, den wir einfach umlegen können, um Veränderung herbeizuführen. Es braucht das bewusste Spüren des Körpers, das Innehalten, Offenheit und Geduld. Das Gute allerdings ist: Unser Gehirn gibt uns in der Regel recht schnell eine Rückmeldung darüber, ob die Richtung des Weges sinnvoll ist, sodass unser Wohlbefinden recht schnell gesteigert werden kann.

Das Rückgrat stärken

Ich spreche in meiner Arbeit mit meinen KlientInnen gern über ihre äußere Haltung und die damit einhergehenden inneren Haltungen und ihre Wechselwirkungen. So fällt es uns beispielsweise leichter, für uns einzustehen oder unsere Meinung zu vertreten, wenn wir dabei nicht zusammengekauert sitzen und unsere Schultern dabei fast die Augen verdecken – siehe die Ausführungen von Svenja Borchers ab Seite 129. Umgekehrt beeinflusst unsere Körperhaltung, wie wir auf andere wirken. Wenn jemand im aufrechten und rhythmischen Gang auf uns zukommt, beim Sprechen Blickkontakt hält oder Worte durch Gestik unterstreicht, deutet das auf Selbstbewusstsein hin. Genauso empfinden wir innere Sicherheit, wenn wir aus der Körpermitte heraus für Stabilität sorgen, indem wir uns aufrichten. Sich seiner selbst bewusst zu sein bedeutet also auch, sich des Körpers bewusst zu sein. Yoga, Bodyscan-Meditationen, Sport, Tanzen und Spaziergänge sind besonders geeignet, uns in Verbindung mit dem Körper wahrzunehmen und zu erforschen, sodass das Körperbild positiver erlebt wird.

Die folgende Meditation kann dir helfen, dein Rückgrat und so dein Selbstbewusstsein zu stärken, insbesondere, wenn du sie regelmäßig praktizierst.

Meditation: Mein starkes Rückgrat

Finde einen ruhigen und bequemen Ort, an dem du dich entspannen und konzentrieren kannst. Setze oder stelle dich aufrecht hin und schließe die Augen.

Beginne, dich auf deine Atmung zu konzentrieren. Nimm wahr, wie dein Brustkorb sich mit der Einatmung hebt und mit der Ausatmung wieder senkt.

Spüre, wie dein erwärmter Atem beim Ausatmen über die Oberlippe streicht.

Atme in deinen Bauch und halte deinen Fokus eine Zeit lang um deinen Bauchnabel. Nimm wahr, wie sich dein Bauch mit der Einatmung nach außen wölbt und bei der Ausatmung wieder flacher wird.

Mit jeder weiteren Ausatmung stellst du dir vor, wie dein Körper schwerer wird und du mehr und mehr entspannst, ohne deine Aufrichtung zu verlieren.

Visualisiere nun eine starke, aufrechte Säule, die von der Basis deiner Wirbelsäule (von deinem Rückgrat) bis zum Scheitel deines Kopfes reicht.

Stelle dir vor, dass diese Säule aus einem starken und flexiblen Material besteht (vielleicht Bambus), das dich stützt und schützt.

Wenn du magst, bewege deine Wirbelsäule sanft von vorn nach hinten und von links nach rechts.

Erinnere dich an einen Moment, in dem du Widrigkeiten erfahren hast.

Spüre, wie deine Wirbelsäule in ihrer Stabilität und Flexibilität ganz unberührt von allem bleibt.

Während du dich weiterhin auf deine Atmung konzentrierst, wiederhole innerlich folgende Sätze:

»Ich stehe für mich ein.«

»Ich bin stark und selbstbewusst.«

»Ich vertraue auf meine innere Kraft und Weisheit.«

»Ich bin stark und widerstandsfähig.«

Spüre, wie diese Sätze dich stärken und dich mit einem Gefühl von Selbstsicherheit und Entschlossenheit erfüllen. Nimm das Gefühl mit in den ganzen Körper.

Wenn du so weit bist, nimm noch einmal einen tiefen Atemzug und öffne deine Augen. Im Laufe des Tages kannst du deine Aufmerksamkeit zu deiner Wirbelsäule, deinem Rückgrat lenken und die Kraft und Stabilität spüren. Genauso kannst du in Situationen, in denen du für dich oder für etwas einstehst, bewusst einen Moment in dem Gefühl verweilen oder es dir vergegenwärtigen.

Leben in Balance

Der Tanz des Gleichgewichts: Die Lebensbereiche

Manchmal haben wir ein Gefühl des Ungleichgewichts in uns, obwohl doch alles gut läuft. Es ist schwer einzuordnen, woher das kommt und was gerade fehlt. Ob unser Leben im Gleichgewicht ist, hängt davon ab, ob wir den verschiedenen Bereichen in unserem Leben ausreichend Aufmerksamkeit schenken. Wenn dem so ist, empfinden wir mehr Zufriedenheit. Natürlich können wir uns nicht um alles gleichzeitig kümmern und jonglieren im Alltag schon mit genug Dingen, die »laufen« müssen. Dass hin und wieder etwas auf der Strecke bleibt, ist ganz normal. So gibt es meistens etwas, auf das wir uns in unserem Leben gerade besonders konzentrieren und wofür wir viel Energie und Zeit aufwenden. Ein gewisses Ungleichgewicht ist in der Regel nicht weiter störend. Gibt es jedoch Phasen, in denen ein Bereich länger auf der Strecke bleibt, läuft das Rad nicht mehr rund und fängt an zu wackeln. Das merken wir an dem Gefühl des Ungleichgewichts. Eventuell fällt es dir leicht festzustellen, woher das Gefühl kommt. Dennoch ist es sehr hilfreich, systematisch durch die einzelnen Bereiche zu wandern, um mehr Klarheit zu bekommen und letztendlich gut für dich zu sorgen:

Familie: Dazu zählen deine Eltern oder wichtige Bezugspersonen, deine Familie mit deiner/m PartnerIn und/oder deine Kinder. Du kannst auch entfernte Verwandte oder die Familie deines Partners oder deiner Partnerin berücksichtigen, weil sie mehr oder weniger Einfluss auf dein Leben nehmen können.

Freundschaften und Beziehungen sollten dir vor allem angenehme Emotionen bereiten, weil du sie dir selbst aussuchen kannst. Wie in allen Beziehungen kann es aber auch dort Ungeklärtes geben. Es kann sein, dass du zu wenig Zeit für sie hattest oder umgekehrt dich von FreundInnen vernachlässigt fühlst. Deine und die Entwicklung deiner FreundInnen, kann verursachen, dass ihr euch voneinander entfernt.

Du solltest überprüfen, ob die Menschen, mit denen du am meisten Zeit verbringst, dir guttun oder dich eher belasten und dir Energie rauben.

Liebe und Partnerschaft gehören in der Regel zu den wichtigsten Bestandteilen unseres Lebens. Wenn man gemeinsam durch das Leben geht, muss Rücksicht aufeinander genommen werden. Im besten Fall werden die eigenen Wünsche und Vorstellungen unterstützt, was stärkt und neue Lebensabschnitte einleitet. Gibt es Konflikte oder Unausgesprochenes kann dieser Bereich aber sehr viel Kraft kosten und uns sehr belasten.

Beruf und Karriere bestimmen unser Leben meist erheblich. Wenn du Erfüllung und Sinn darin gefunden hast, macht die Arbeit viel Freude. KollegInnen gehören zu unserem sozialen Umfeld und beeinflussen unser Wohlbefinden, wenn wir viel Zeit mit ihnen verbringen. Wer seine Arbeit trotz der kleinen oder größeren Herausforderungen mag, wird sehr viel ausgeglichener sein, als jemand, der sich jeden Tag im Widerstand dazu befindet.

Gesundheit und Körper umfassen Ernährung, Bewegung und Selbstfürsorge. Wir denken bei Gesundheit zunächst an die Abwesenheit von Krankheiten. Auch wenn du krank sein solltest, ist es wichtig, wie zufrieden oder unzufrieden du mit deinem aktuellen Gesundheitsstand bist. Unabhängig von Gesundheit und Krankheit hat Einfluss, ob du dich gut um dich kümmerst und für dich sorgst.

Finanzen sollten zu unserem Lebensstil passen, um keine existenziellen Sorgen zu haben. Genauso ist es wichtig, die Finanzen gut zu managen, damit du größere Wünsche oder Pläne in der Zukunft realisieren kannst.

Persönliche Entwicklung betrifft deine Selbstverwirklichung und dein persönliches Wachstum. Investierst du in dein Wissen und deine Entwicklung durch Bücher, Trainings, Coaching oder Fort- und Weiterbildungen? Übst du Selbsterkenntnis und reflektierst du über dich?

Freizeit, Erholung und Spaß umfasst alles, was du für dich außerhalb deiner Arbeitszeit tun oder erleben kannst. Kannst du dich ausprobieren, hast du Interessen, denen du nachgehst, oder auch einfach genügend Freiraum, um dich zu erholen oder zu entspannen? Zu viele Aktivitäten können nämlich in Stress ausarten. Daher ist es wichtig, dass du dir Zeit einräumst, um flexibel und spontan auf deine Bedürfnisse einzugehen.

Eine sehr bekannte Übung aus dem Coaching und der Beratung ist »Das Lebensrad« oder »Wheel of Life«. Es hilft uns zu erkennen, welche Lebensbereiche wir in unserem Leben außer Acht gelassen haben, und notwendige Schritte zu formulieren, die uns wieder in Balance bringen.

Das Lebensrad

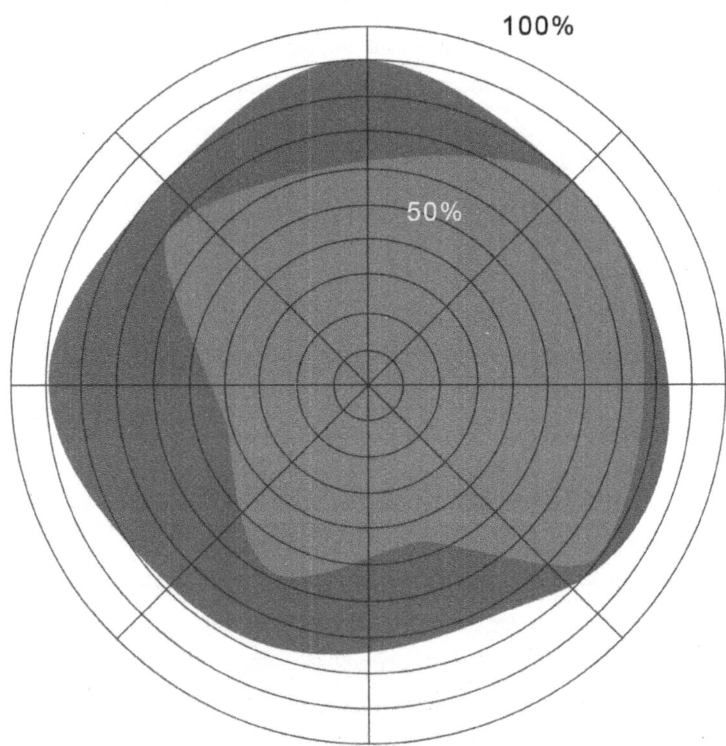

Der hellgraue Bereich in der Abbildung steht für den Ist-Zustand, der dunkelgraue Bereich für den Soll-Zustand.

Du brauchst zwei Blätter Papier und zwei Stifte in unterschiedlichen Farben.

Male einen Kreis, der ungefähr so groß wie deine Hand ist. Zeichne die acht Lebensbereiche in gleichmäßigen Tortenstücken in den Kreis (siehe Abbildung linke Seite). Sollte dir ein Bereich fehlen, der dir wichtig ist, füge ihn hinzu oder lasse einen anderen dafür weg, der keine oder wenig Relevanz in deinem Leben hat. Weitere Bereiche können sein: Räumliche Umgebung, Wohnen, Spiritualität, Entspannung und Wohlergehen. Falls du schon in Rente bist, ist vermutlich der Bereich Beruf/Karriere für dich unwichtig, und du kannst ihn weglassen.

- Frage dich in jedem Lebensbereich, wie erfüllt er gerade ist. Auch hier muss das Maximum des Bereiches nicht für hundert Prozent stehen. Du wählst einen Soll-Zustand aus, der für dich erstrebenswert ist und mit dem du zufrieden bist. Ein gutes Beispiel ist der Bereich Partnerschaft: Ich habe einige KlientInnen, die sich damit schwertun, als Single hundert Prozent Erfüllung im Bereich Partnerschaft zu geben, obwohl sie total glücklich damit sind, dass sie gerade ohne PartnerIn sind. 50 Prozent stehen in diesem Fall dafür, dass es gerade genauso gut ist, aber es auch schön wäre, in einer Partnerschaft zu sein. Also ein: »Ich bin glücklich, so wie es gerade ist«. Gerade die Liebe ist jedoch schwer zu planen.
- Setze deine Markierung an der jeweiligen Linie, um zu verdeutlichen, was du gerade als erfüllt ansiehst.
- Nun kannst du mit dem Stift schraffieren, wie du die einzelnen Bereiche einschätzt. Lass dir dafür Zeit und spüre in dich hinein. Wenn du alle Bereiche bearbeitet hast, siehst du den aktuellen Stand deiner Zufriedenheit im Leben. Du kannst erkennen, welche Bereiche vernachlässigt und welche besonders erfüllt sind.
- Jetzt kannst du analysieren, wie der aktuelle Zustand entstanden ist: Markiere die jeweiligen Bereiche, je nach Zufrieden-

heit mit einem Plus- oder Minuszeichen, und notiere stichpunktartig auf dem anderen Papier, was dir dazu einfällt. Je ehrlicher und tiefer du reflektierst, desto mehr Erkenntnisse kannst du gewinnen. Wenn du das Gefühl hast, du könntest Unterstützung brauchen, dann hole dir eine FreundIn dazu oder deine/n PartnerIn. Jemand, der von außen auf deine aktuelle Situation schaut, kann dir andere Impulse geben.

- Nachdem du weißt, was besonders positiv, neutral und zufriedenstellend ist, wo größerer Mangel herrscht und was dich viel Kraft kostet, kannst du an die Umsetzung gehen. Welchen Lebensbereichen möchtest du dich widmen? Schreibe für jeden einzelnen auf, welche Veränderung du dir wünschst und was du konkret dafür tun kannst. Du kannst deine Gedanken in dein Journal übertragen. Genauso kann es helfen, das Lebensrad einige Tage oder Wochen an einen Platz zu hängen oder zu legen, an dem du es siehst.

Der Einfluss positiver Emotionen

Die *Broaden-and-Build-Theory* nach der US-amerikanischen Psychologin Barbara Fredrickson ist eine der wichtigsten Theorien der Positiven Psychologie. Sie besagt, dass positive Emotionen die menschliche Wahrnehmung erweitern. Indem wir positive Emotionen erleben, sind wir in der Lage, mehr Reize wahrzunehmen und zu verarbeiten. Wodurch sich vermehrt neuronale Verknüpfungen bilden (*broaden*). Das führt dazu, dass unsere geistige Flexibilität, Kreativität, Offenheit und unsere Problemlösungsfähigkeit verbessert werden sowie der Zugang zu neuen Gedanken ermöglicht wird. Dadurch können wir Potenziale und Möglichkeiten erkennen. Der kurzfristige Ressourcenaufbau führt zum Aufbau langfristiger Ressourcen (*build*). Indem wir also Emotionen wie Freude, Dankbarkeit oder Liebe erleben, verändern sich unsere Gedanken und Handlungen. Dadurch können wiederum beispielsweise stabilere Beziehungen aufgebaut werden. Nicht nur das: Positive Gefühle verändern nicht nur uns, sondern sie wirken auf andere ansteckend. Optimistische Menschen sind hilfsbereiter, wodurch andere von ihnen profitieren und Dankbarkeit empfinden. Gleichzeitig sind wir stolz, wenn wir anderen helfen können, und stärken damit unser Selbstvertrauen. Durch vermehrte positive Emotionen und verstärkte positive Auswirkungen kommt es zu einer Aufwärtsspirale.

Zur Erinnerung: Barbara Fredrickson definiert zehn Emotionen, die besonders positiv auf uns wirken: Freude, Dankbarkeit, Gelassenheit, Interesse, Hoffnung, Stolz, Inspiration, Vergnügen, Ehrfurcht und Liebe.

Positive Emotionen können sogar negativen Emotionen entgegenwirken, was als sogenannter *Undoing-Effekt* bezeichnet wird (undoing: Engl. für Annulierung). Das heißt, wenn wir ein unangenehmes Gefühl wie Angst empfinden, können wir dieses durch das Herbeiführen eines positiven Gefühls entlasten. Dabei geht es nicht um die grundsätzliche Vermeidung von Emotionen, sondern darum, in bestimmten Situationen unsere Wahrnehmung zu erweitern und dadurch neue Perspektiven und Wahlmöglichkeiten zu erlangen. Wir wissen nun beispielsweise, dass sich erst **nach** einer bestandenen Prüfung etwas Gutes zu tun, sich weniger günstig auswirkt, als sich mitten in der Aufregung, also vor der Prüfung, etwas Angenehmes zu gönnen. Oder inmitten einer destruktiven Gedankenschleife die Lieblingsplaylist einzuschalten, wird neue Gedanken und Ideen generieren.

Der Wert der Dankbarkeit

Die Forschung bestätigt besonders den Wert der Dankbarkeit für unsere seelische Gesundheit und hat einige Methoden entwickelt, die Depressionen mindern oder mildern und Glücksgefühle steigern können. Innerhalb der Vorlesungen Martin Seligmans zum Thema Dankbarkeit entwickelte seine Studentin Marisa Lascher den »Dankesbesuch«, den die StudentInnen anwandten (siehe die Übung auf der nächsten Seite). Seligman berichtet von bemerkenswerten Resultaten und positiven

Rückmeldungen – die Übung sei »lebensverändernd«. Die Intervention hätte bis zu einem Monat später zu starkem Rückgang von Depressivität und großer Zunahme des Glücklichseins geführt, aber die Wirkung ließe nach drei Monaten wieder nach. Die TeilnehmerInnen, die die Übung länger als sieben Tage anwandten, konnten allerdings das Glücklichsein länger empfinden.

Wenn wir Dankbarkeit empfinden, denken wir an ein positives Ereignis. In Verbindung mit einem anderen Menschen, der in irgendeiner Weise daran beteiligt war, können wir unsere Dankbarkeit ihm oder ihr gegenüber zum Ausdruck bringen und gleichzeitig unsere Beziehungen stärken. Die bewusste Wahrnehmung dessen stärkt einerseits das Gefühl, das wir zu dem Menschen haben. Der Dank zusammen mit der Erklärung für die Bedeutung dieses Menschen in unserem Leben lässt ihn ebenfalls positive Emotionen empfinden. Die folgende Übung »Der Dankesbesuch« ist die Gelegenheit, Dankbarkeit bedacht und angemessen auszudrücken. Ich habe dies selbst erfahren: Die wertvollsten Dinge, die ich besitze, sind neben Fotos die Dankeskarten und -briefe, die ich von anderen Menschen erhalten habe.

Der Dankesbesuch

(angelehnt an *Wie wir aufblühen* von Prof. Dr. Martin E. P. Seligman)

Schließe deine Augen. Denke an einen Menschen, der vor Jahren einmal etwas getan oder gesagt hat, das dein Leben zum Besseren verändert hat. Ein Mensch, dem du niemals richtig dafür gedankt hast, dem du aber nächste Woche von Angesicht zu Angesicht begegnen könntest. Stelle dir sein Gesicht vor.

Schreibe nun einen Dankesbrief an diesen Menschen und benenne ganz konkret, was er für dich getan hat und wie das dein Leben beeinflusst hat. Beschreibe, was du jetzt tust und wie oft du dich an seine Freundlichkeit erinnerst. Seligman empfiehlt, dass der Brief ganz konkret und etwa eine Seite lang sein sollte.

Wenn es angemessen und möglich ist, überbringe den Brief persönlich. Du kannst den Brief vorlesen. Beachte deine und die Reaktionen des anderen. Tauscht euch über eure Gefühle aus oder sprecht darüber, was es für euch bedeutet. Sollte die Person bereits verstorben sein, nimm dir ein Foto oder behalte sie in Gedanken vor deinem inneren Auge. Auch dann kannst du den Brief laut vorlesen oder ihn gemeinsam mit einem Erinnerungsstück aufbewahren.

Selbst wenn es eine Postkarte ist oder nur eine WhatsApp-Nachricht, schenkt sie uns und unserem Gegenüber angenehme Gefühle. Ich bin großer Fan davon, es anzusprechen, wenn mir etwas Positives an einem Menschen auffällt oder wenn ich an eine schöne Erinnerung mit jemandem denke.

Unsere Stärken

Die eigenen Stärken kennen

Fragen wir Menschen, was sie ihrer Meinung nach gut können, macht sich oft Ratlosigkeit breit. Unsere Stärken sind uns nicht nur häufig nicht bewusst, sondern finden bei uns keine Anerkennung, weil sie so normal für uns sind, dass wir sie nicht einmal bemerken. Andere wiederum schämen sich sogar dafür, sich selbst zu loben. Neben unserer Genetik, die in erster Linie unser Überleben sichern möchte und daher auf Probleme und Gefahren ausgerichtet ist, sind es auch gesellschaftliche oder kulturelle Normen, die befürchten lassen, arrogant oder egoistisch zu wirken, wenn man über seine Stärken spricht. Doch unsere Stärken sind die Eigenschaften, die uns selbst besonders gut beschreiben und jene, die andere an uns besonders schätzen. Sie stellen einen bedeutenden Teil unserer Persönlichkeit dar. Außerdem haben sie das Potenzial, uns in einen Flow-Zustand zu bringen (siehe rechte Seite), in dem wir uns an Selbstwirksamkeit und Gelingen erfreuen, das hat nichts mit Eigenlob zu tun. Sie sind ein wichtiger Bestandteil unseres persönlichen Erlebens von Sinn und Wohlgefühl. Wenn wir Träume haben und Ziele erreichen wollen, sollten wir unsere Stärken kennen und nutzen.

Beim Sport werden einzelne Stärken der SpielerInnen gefördert und gezielt eingesetzt. Dem einen liegt es, bei Mannschaftssportarten in der Defensive zu spielen, und dem anderen in der Offensive. Das sorgt dafür, dass jede/r Freude daran empfindet, dass das, was ihm oder ihr liegt, gebraucht wird und sich auf dieser Basis weiterentwickeln kann. Doch im Alltag glauben wir, wir müssten an unseren Schwächen arbeiten, und vergessen, unsere Stärken zu fördern.

Konzentrieren wir uns auf unsere Defizite, schwächen wir unser Selbstbild und versuchen, vom Fisch zum Vogel zu werden. Wir erreichen so nie unser volles Potenzial, weil es vor allem in unseren Stärken liegt. Ein introvertierter, analytischer Buchhalter muss nicht mit einem extrovertierten, kreativen PR-Berater tauschen, um mögliche Defizite zu identifizieren und sich jeden Tag vor Herausforderungen zu stellen, die ihm den Alltag erschweren und nicht zu seinen Zielen passen. Ein Fisch, der versucht, an Land zu leben, wird weder glücklich noch besonders lang lebendig bleiben.

Was sind Charakterstärken?

In einer Stärke kombinieren sich Denken, Fühlen und Handeln auf eine Weise, die kräftigend wirkt. Es fühlt sich leicht an, sie anzuwenden, und wir erfreuen uns am Ergebnis. Das Gefühl, im Flow zu sein, also die Zeit zu vergessen und dabei ganz bei uns und der Tätigkeit zu sein, beschreibt es passend. Dr. Ryan M. Niemiec ist eine führende Persönlichkeit in der Ausbildung, Erforschung und Praxis der Charakterstärken, die in allen Menschen zu finden sind. Als Chief Science and Education Officer des »VIA Institute on Character«, einer gemeinnützigen Organisation, treibt er die neuesten wissenschaftlichen Erkenntnisse zu dieser Thematik an. Niemiec definiert Charakterstärken wie folgt: »Charakterstärken sind positive Eigenschaften und Fähigkeiten, die persönlich befriedigend sind, die dabei andere nicht herabsetzen, die kulturübergreifend allgegenwärtig und wertgeschätzt sind und die mit zahlreichen positiven Auswirkungen auf einen selbst und andere einhergehen.«

So wird ein erlerntes Verhalten erst zur Stärke, wenn es mit einer positiven inneren Haltung gekoppelt ist. Ein Beispiel eines erlernten Verhaltens wäre: Ich hole Feedback eines Kollegen ein, weil mein Chef wünscht, dass ich mich mehr im Team einbringe. Das Beispiel eines Verhaltens mit positiver innerer Haltung wie der Stärke »Teamwork« hingegen wäre: Ich hole das Feedback eines Kollegen ein, weil ich es liebe, im Team zu arbeiten und mich seine Meinung weiterbringen kann. Das Gefühl, in der Gemeinschaft etwas zu schaffen, treibt mich an. Oder ein anderes Beispiel eines erlernten Verhaltens: Ich organisiere den Familienurlaub, weil es sonst keiner macht. Das Beispiel eines Verhaltens inklusive positiver innerer Haltung mit der Stärke »Führungsvermögen«

wäre dann: Ich organisiere den Familienurlaub, weil ich es liebe, Dinge zu planen und andere in einem geregelten Ablauf zu führen. Ich liebe es, die Familie ans Ziel zu leiten.

Wenn wir unsere Stärken einsetzen, wird aus einem zweckbasierten erlernten Verhalten ein individuelles, als sinnvoll empfundenes Verhalten. Stärken sind Werte in Aktion. Das heißt, unsere Stärken sind verbunden mit unseren Werten. Wenn wir sie anwenden, macht uns das gleichzeitig glücklich. Wie individuell Stärken sind und wie sie sich ausdrücken können, wird klar, wenn wir darüber nachdenken, wie sehr jeder Mensch unterschiedlich fühlt, denkt und handelt.

24 menschliche Stärken

Anfang der 2000er hat ein Team aus 55 Forschern unter der Leitung von Christopher Peterson und Martin Seligman drei Jahre lang für das VIA Institute on Character erforscht, welche Stärken es gibt und wie wir daraus unsere ganz persönlichen und sogenannten Signaturstärken erkennen können. Aus dem Wissen über Kulturen, Religionen, Philosophie und Psychologie wurde analysiert, was als Stärke oder guter Charakter angesehen wird. Es ergaben sich folgende Tugenden: Weisheit und Wissen, Mut, Menschlichkeit, Gerechtigkeit, Mäßigung und Transzendenz. Ihnen wurden die insgesamt 24 Charakterstärken zugeordnet (siehe Kasten Seite 151 ff.).

Jeder trägt alle 24 Charakterstärken in sich, aber sie variieren in ihrer Ausprägung und im Kontext. Sie zeigen sich je nach Situation und Bedingung. Genauso können Charakterstärken sich gegenseitig verstärken oder abschwächen. Niemiec weist darauf hin, dass jede einzelne der 24 Stärken von gleicher Bedeutung ist. Wie wir sie interpretieren, hängt von unserem Weltbild ab. Wenn die Stärken der ersten Plätze als Signaturstärken angesehen werden können, heißt dies nicht, dass die untersten Stärken eigentlich unsere Schwächen sind. Es sind alles Stärken in unterschiedlicher Intensität.

Um herauszufinden, was für Stärken wir haben, gibt es verschiedene wissenschaftliche Fragebogen-Verfahren. Ich erlebe immer wieder, wie augenöffnend die Ergebnisse für die Menschen sind und wie viel sich ihnen durch das Wissen über die eigenen Stärken erschließt. Der am besten wissenschaftlich evaluierte Test ist der VIA-IS (englischsprachig, siehe Link im Anhang, Seite 224), der Text wird auf Deutsch von der Universität Zürich über deren Seite zur Verfügung gestellt (ebenfalls siehe Anhang). Beide Tests sind kostenlos. Die festgelegten 24 Charakterstärken interpretiere ich in meinen Sätzen. Die vollständige Interpretation findet sich auf der angegebenen Website.

Die 24 Charakterstärken auf einen Blick

Die 24 Charakterstärken lassen sich in sechs Gruppen zusammenfassen:

1. Weisheit und Wissen:

Kreativität: Neue und originelle Wege finden, Ideen entwickeln und Probleme lösen.

Neugier: Interesse an der Umwelt haben, viele Interessen haben und offen sein für neue Erfahrungen.

Urteilsvermögen: Dinge durchdenken und von allen Seiten betrachten, fundierte Entscheidungen treffen können.

Liebe zum Lernen: Den Wunsch haben, Wissen zu erwerben, persönlich zu wachsen und sich zu entwickeln.

Weisheit: Weitsichtig und tiefsinnig sein, eine reife Sichtweise auf das Leben haben.

2. Mut:

Authentizität: Sich echt zeigen und aufrichtig sein, zu sich und seinen Entscheidungen stehen.

Tapferkeit: Mutig Herausforderungen angehen und Ängsten begegnen, sich nicht von Schwierigkeiten aufhalten lassen.

Ausdauer: In schwierigen Situationen durchhalten und beharrlich sein, beenden, was angefangen wurde.
Enthusiasmus: Der Welt mit Begeisterung und Energie begegnen, voller Energie und Lebensfreude sein.

3. Menschlichkeit

Freundlichkeit: Andere Menschen respektvoll und mitfühlend behandeln; es lieben, andere glücklich zu machen.
Bindungsfähigkeit: Enge Bindungen herstellen und Beziehungen aufbauen und pflegen können, Liebe annehmen und geben.
Soziale Intelligenz: Emotionen anderer erkennen und einfühlsam sein, emphatisch sein, sich selbst, seine Gefühle und Bedürfnisse kennen.

4. Gerechtigkeit

Fairness: Ausgeprägter Sinn für Gerechtigkeit, Menschen gleich und gerecht behandeln, allen eine Chance geben.
Führungsvermögen: Andere inspirieren und leiten können, Planungs- und Organisationsfähigkeit, schwierige Entscheidungen treffen können.
Teamwork: Im Sinn der Gemeinschaft handeln, loyal sein, am besten als Teil einer Gruppe arbeiten.

5. Mäßigung

Vergebungsbereitschaft: Anderen vergeben können, ohne nachtragend zu sein, Verständnis für Handlungen aufbringen können und Chancen der Wiedergutmachung bieten.
Bescheidenheit: Erfolge akzeptieren, ohne überheblich zu sein, Verantwortung für eigene Fehler und Mängel übernehmen.
Vorsicht: Umsichtig sein, überlegt und rücksichtsvoll handeln, mögliche Konsequenzen abwägen.
Selbstregulation: Gefühle und Verhalten in entsprechenden Situationen regulieren, eine starke Selbstdisziplin besitzen.

6. Transzendenz
Sinn für das Schöne: Schönheit in allen Lebensbereichen und in der Welt schätzen, bei ihrem Anblick Gefühle der Ehrfurcht und der Verwunderung empfinden.
Dankbarkeit: Bewusstsein für die guten Dinge und dankbar für sie zu sein, sie nicht als selbstverständlich hinzunehmen.
Hoffnung: Positive Erwartungen für die Zukunft haben und an ihrer Erfüllung arbeiten, eine optimistische und zuversichtliche Haltung einnehmen.
Humor: Lachen und das Leben mit Humor betrachten können, Spaß in verschiedensten Situationen suchen und finden.
Spiritualität: Sinn in höheren Zielen finden, Überzeugung der Existenz eines höheren Sinns und Zwecks des Lebens.

Finde deine Signaturstärken

Jeder Mensch besitzt drei bis sieben Charakterstärken, die besonders ausgeprägt sind – Niemiec beschreibt diese als die sogenannten Signaturstärken, die wir unbewusst anwenden und als belebend und anregend empfinden. Unsere Signaturstärken, also die Stärken, die die ersten Plätze des Tests belegen, sind maßgeblich daran beteiligt, wie wir uns selbst wahrnehmen und womit wir uns identifizieren. Sie tragen somit einen großen Teil zu unserem Selbstbild bei. Laut dem PERMA-Modell (siehe Seite 9 f.) bestätigt die Forschung, dass eine der wirksamsten Interventionen für eine höhere Lebenszufriedenheit die tägliche und kreative Nutzung der persönlichen Signaturstärken ist. Dabei ist unser persönliches Stärkenprofil so einzigartig und so individuell wie unsere Unterschrift.

Ohne meine Signaturstärken Liebe, Fairness, Tapferkeit und Mut, soziale Intelligenz, Führungsvermögen und Kreativität wäre ich nicht ich selbst. Sollte ich zwei Wochen ohne meine Stärken sein, hätte das Bedeutsame in meinem Leben – meine Beziehungen, mein Beruf und der allgemeine Umgang mit Menschen keinen Bestand. Wenn du dir nach deinem Test die Frage stellst, ob du zwei Wochen ohne deine Stärken leben könntest, wirst du schnell feststellen, dass es dir ähnlich ergehen wird.

Übrigens: Das dynamische Selbstbild wird durch Christopher Peterson und Martin Seligman bestätigt. Charakterstärken sind demnach über längere Zeit konstant, können sich aber im Laufe des Lebens entwickeln und erweitern. Für mich war das Wissen um meine Signaturstärken augenöffnend, weil ich noch einmal mehr verstehen konnte, welche Rolle meine Werte spielen und warum sie miteinander verbunden sind. Ich verstand nachträglich einige Erfahrungen aus meinem Berufsleben. Warum ich mich wann besonders ausgeglichen und gefördert gefühlt habe, aber genauso wann ich inneren Widerstand gespürt habe und das Gefühl hatte, etwas stimmt für mich nicht. Was Menschen an mir schätzen und welche Tiefe meine Bindungen dadurch haben. Auch, was meine Stärken mit meinem heutigen Beruf zu tun haben, da ich sie dadurch leben kann.

Welche Stärken machen mich aus?

Ermittle mithilfe der Beschreibungen, welche der 24 Charakterstärken dich besonders ansprechen und mit welchen du dich am meisten identifizieren kannst. Suche dir drei bis sieben Stärken aus und übertrage sie auf ein Blatt Papier.

Nimm dir die einzelnen Stärken vor und untersuche sie anhand der folgenden Fragen:

- Welche Situation im Alltag fällt dir ein, in der die Stärke Anwendung findet?
- In welcher Situation aus der Vergangenheit hat diese Stärke besonders gewirkt?
- Wie viel Kraft gibt sie dir, wenn du sie anwendest? Bewerte die Kraft auf einer Skala von 1 bis 10 (1 gar nicht, 10 sehr viel).
- Was würde passieren, wenn du diese Stärke zwei Wochen lang

nicht hättest? Wandere in deiner Vorstellung einmal durch den Tag und überlege, wie dieser ohne deine Stärke aussähe.

Beispiel: Dich spricht besonders die Stärke Kreativität/Einfallsreichtum an. Wenn du an deine Arbeit denkst, hast du vor allem Spaß daran, dich kreativ auszuleben und Projekte eigenständig gestalten und umsetzen zu können. Sie gibt dir beispielsweise Kraft, Blumensträuße zu binden, Torten zu backen und zu verzieren. Könntest du die Stärke Kreativität/Einfallsreichtum nicht anwenden, könntest du deine Arbeit niemals zufriedenstellend erledigen und hättest keine Freude daran. Dein Verhalten wäre untypisch für dich, deine Erfüllung gemindert, und andere würden dich wahrscheinlich gar nicht wiedererkennen.

Die eigenen Stärken zu kennen ist eine wichtige Grundlage, wenn es um das Wohlbefinden geht. Du kannst deine Stärken zusätzlich fördern, wenn du lernst, sie in verschiedenen Situationen für dich zu nutzen. Die nächste Übung hilft dir dabei, deine Stärken im Alltag anzuwenden.

Stärke deine Stärken

Du brauchst einen Stift und ein Blatt Papier, das du quer hinlegst. Zeichne eine Tabelle, die sich an der abgebildeten orientiert. Wiederhole die folgenden Schritte für die nächsten sieben Tage. Dir steht es frei, dich dabei auf eine Stärke zu konzentrieren oder dich an jedem Tag für eine andere Stärke zu entscheiden. Denke darüber nach, welche deiner Stärken du bewusst anwenden möchtest.

Meine Stärke: ______________________________

- Überlege, wie und wo du sie in den nächsten Tagen einsetzen kannst. Denke darüber nach, was für die kommende Woche ansteht. Wann und in welcher Situation?

- Überprüfe, ob du deine Stärke vielleicht in ganz anderen Situationen als bisher nutzen kannst? Wo würde sie dir jetzt gerade helfen?

Beispiel Ausdauer: Wenn du beim Sport besonders ausdauernd bist und dein Ziel erreichst, ohne vorher abzubrechen, könntest du die Ausdauer bei einer unliebsamen Aufgabe im Haushalt oder Job trainieren.

Beispiel Humor: Wenn du es liebst, andere zum Lachen zu bringen und immer einen lockeren Spruch auf den Lippen hast, könntest du deinen Humor während der nächsten stockenden Autofahrt nutzen. Wenn du magst, nutze dafür die Tabelle unten.

Schreibe nach Ablauf dieser Woche über deine Erlebnisse:

- Was hast du wahrgenommen?
- Was war hilfreich?
- Was leitest du daraus ab?

Wochentag/Zeit	Tätigkeit	Charakterstärke(n)	Wie ich meine Stärke benutze	Emotion, Hürden oder Intention meiner Stärke

Die folgende Meditation kann dich zusätzlich und auf einer anderen Ebene dabei unterstützen, deine innere Größe und Kraft zu entdecken. Durch das bewusste Wahrnehmen deiner Stärke kannst du deine Fähigkeiten und Talente besser wertschätzen und ausdrücken.

Meditation: Meine innere Größe

Schließe deine Augen und atme tief ein und aus. Konzentriere dich auf deinen Atem und versuche, ihn mehr und mehr Raum in deinem Körper einnehmen zu lassen. Spüre, wie dein Brustkorb sich weitet, dein Bauch mit der Einatmung nach vorn und zu den Seiten expandiert. Spüre, wie sich dein Körper mit jedem Atemzug entspannt und du ruhiger wirst.

Stelle dir jetzt vor, dass du in einem Raum bist, der vollkommen leer ist. Du stehst in der Mitte des Raumes und spürst, wie groß der Raum um dich herum ist. Spüre, wie du dich selbst in diesem Raum wahrnimmst. Nun stelle dir vor, wie du in diesem Raum langsam größer wirst. Wie ein Luftballon, der mit jedem Atemzug wächst. Du wächst mit jedem Einatmen in alle Richtungen. Du spürst, wie du dich ausdehnst und wie groß und mächtig du bist. Während du wächst, spürst du, wie deine Energie und dein Selbstbewusstsein mitwachsen. Du fühlst dich stark und unbesiegbar. Stelle dir vor, dass alle deine Stärken noch mehr Platz einnehmen und dich ausfüllen. Du fühlst dich bereit, alle Herausforderungen zu meistern, die dir das Leben stellt. Lasse deine Gedanken einfach ziehen. Vielleicht kommt dir eine aktuelle Herausforderung in den Sinn, und du visualisiert deine Größe und Stärke im Angesicht dessen. Stelle dir vor, dass du stärker bist als das, was dir gegenübersteht.

Wenn du bereit bist und ein Gefühl in dir entwickeln konntest, das dich stärkt, komme wieder zurück in den gegenwärtigen Moment. Atme tief ein und aus und spüre, wie du dich gerade fühlst.

Du möchtest neue Fähigkeiten entwickeln und dein Selbstvertrauen stärken? Mit der Technik des »Als-ob-Handelns« nutzen wir unsere Vorstellungskraft, um in der Realität die Kraft zu schaffen, neue Verhaltensweisen auszuprobieren. Wir machen uns also Fähigkeiten zunutze, die wir bisher wenig ausgebildet und selten benutzt haben. Es ist eine Art Rollenspiel, bei dem wir so tun, als ob wir bereits die gewünschten Merkmale oder Fähigkeiten besitzen, um Veränderungen im Denken, Fühlen und Handeln zu bewirken.

Als-ob-Handeln: Neue Verhaltensweisen schaffen neue Stärken

Du brauchst einen Stift und ein Papier oder dein Notizbuch.

Zuerst muss klar definiert werden, welche spezifischen Eigenschaften oder Verhaltensweisen du entwickeln möchtest. Es kann sich um persönliche Eigenschaften wie Selbstbewusstsein, Geduld oder Entschlossenheit handeln, oder um spezifische Fähigkeiten wie öffentliches Reden, Führungskompetenzen oder sportliche Leistungen.

- Wie möchtest du dich verhalten?
- Warum ist dir das wichtig?
- Wie wirst du dich damit fühlen?

Beobachtung und Modellierung: Um sich effektiv vorstellen zu können, wie es ist, diese Eigenschaften oder Fähigkeiten zu besitzen, orientiere dich an Vorbildern. Dazu kannst du Menschen beobachten, die bereits über die gewünschten Merkmale verfügen. Versuche, ihr Verhalten, ihre Haltung und ihre Denkweise zu analysieren und zu verstehen. Schreibe dir auf, was es genau ist und welche Herangehensweise sie haben.

Einbeziehung der Sinne: Um die Vorstellungskraft zu stärken, ist es hilfreich, alle Sinne einzubeziehen. Stelle dir zum Beispiel vor, wie es sich anfühlt, die gewünschten Eigenschaften zu besitzen: Wie fühlst du dich? Wie sprichst du? Wie bewegst du dich? Welche innere Haltung hast du? Wie reagieren andere Menschen auf dich?

Aktives Rollenspiel: Die Technik des »Als-ob-Handelns« erfordert aktive Beteiligung. Begib dich bewusst in verschiedene Situationen, in denen du die gewünschten Eigenschaften oder Fähigkeiten anwenden kannst. Welche könnten das sein? Auch wenn es sich anfangs nicht ganz authentisch anfühlen mag, wirst du mit der Zeit immer sicherer und selbstverständlicher in deinem Handeln sein oder auch gewisse Punkte für dich anpassen wollen.

Wiederholung und Integration: Um die gewünschten Veränderungen zu festigen, ist es wichtig, deine Erkenntnisse regelmäßig anzuwenden. Je öfter du dir in verschiedenen Situationen vorstellst, die gewünschten Eigenschaften oder Fähigkeiten bereits zu besitzen, und Anpassungen in deinem Verhalten vornimmst, desto stärker werden die neuronalen Verbindungen im Gehirn, und desto natürlicher wird es sich für dich anfühlen.

Die Technik des »Als-ob-Handelns« ist kein Ersatz für echte Anstrengungen und Aktionen. Sie ist vielmehr als ein zusätzliches Instrument zu sehen, das dir helfen kann, neue Verhaltensweisen zu erlernen oder bereits bestehende zu stärken.

Verhalte dich von nun an auf eine Art und Weise, die mit der Stärke in dieser Situation übereinstimmt. Du bist in der Lage, die Dinge voll und ganz zu bewältigen und das Leben als Abenteuer anzusehen.

Selbstwirksamkeit, Selbstfürsorge und neue Verhaltensweisen

Worauf haben wir Einfluss?

Jobs, PartnerInnen, FreundInnen oder Wohnorte geben uns Sicherheit, wir halten an Verhaltensweisen fest, weil sie gewohnt und absehbar sind. Unsere Gewohnheiten bieten uns Stabilität und Sicherheit im Leben. Besonders Routinen sind hilfreich, denn sie geben uns Struktur und erleichtern uns den Alltag. Doch gleichzeitig bedeutet das Leben Veränderung, und bisweilen wollen wir diese willentlich herbeiführen, wenn wir unzufrieden sind, uns etwas wünschen oder zu etwas hinstreben. Den Einfluss und die Möglichkeiten, Veränderungen vorzunehmen, empfindet jede und jeder ganz unterschiedlich. Manchen Menschen bereitet das Verlassen der eigenen Komfortzone mehr Angst als anderen. Die damit einhergehende Unsicherheit vor dem Unbekannten macht Angst. Manche Menschen bremst sie sogar komplett aus. Wir wissen im Grunde zwar, dass wir für unser Leben selbst verantwortlich sind. Aber diese Verantwortung anzunehmen und umzusetzen ist manchmal etwas ganz anderes.

Wer sich freiwillig entscheidet, etwas Neues anzugehen, kann das Gefühl der Unsicherheit eventuell eher akzeptieren als jemand, der dabei keine Wahl hat, weil das Leben ihn beispielsweise zu einer Entscheidung zwingt. Bei einem statischen Selbstbild mit geringem Selbstvertrauen und Zweifel an den eigenen Fähigkeiten vergrößert sich die Angst vor neuen Herausforderungen. Schlechte Erfahrungen können zu einer tiefen Abneigung gegenüber Veränderungen führen. Wir glauben, dem Leben nicht gewachsen zu sein, und müssen irgendwie für Sicherheit sorgen. Dann lassen wir alles lieber so, wie es ist, bevor wir ein Risiko eingehen in der trügerischen Hoffnung, dass es besser werden könnte. Keiner möchte Schmerzen oder Scham erleben, die mit einem Abschied oder einem Scheitern zusammenhängen können. Darum halten uns Gedanken zurück wie: »Was ist, wenn ich es nicht schaffe?« oder »Was denken dann die anderen über mich?«. Unsere Angst bezieht sich dabei nicht selten auf eine negative Überzeugung, die in uns schlummert. Wir möchten diese Überzeugung keinesfalls bestätigt bekommen oder sie am besten gar nicht wahrnehmen.

Sich der Be- und Verurteilung anderer zu stellen gefällt uns allen nicht sonderlich. In gewissem Maße ist das vollkommen menschlich, denn als soziale Wesen haben wir einen angeborenen Drang nach Zugehörigkeit und Bindung. Diese sichert unsere Akzeptanz und Integration in soziale Gruppen. Übermäßige Angst vor Ablehnung führt jedoch dazu, dass wir ständig versuchen, es anderen recht zu machen und ihre Sympathie zu gewinnen, um Ablehnung und soziale Isolation zu vermeiden. Wir wollen um jeden Preis gefallen und vergessen dabei uns selbst. Die Tendenz nach übermäßiger Anpassung haben wir bereits in vorherigen Kapiteln besprochen. Hier geht es nun darum, sich selbst zu ermächtigen, Mut zu entwickeln und die eigene Kraft zu nutzen. Die Meinung anderer Menschen, und häufig sogar derer, die in unserem Leben überhaupt nicht von großer Bedeutung sind, sollte also etwas zurechtgerückt werden. In Wahrheit sind unsere Ausreißer, Fehltritte, Eskapaden und all das, worüber wir uns sorgen, für andere recht unbedeutend, solange es sie nicht betrifft. Der einzige Mensch, der sich damit in seiner Freiheit beschneidet, sind wir selbst. Die Meinung anderer kann uns helfen, Informationen zu erhalten und verschiedene Perspektiven zu betrachten, bevor wir Entscheidungen treffen, aber sie sollte uns nicht von unseren Wünschen und Zielen abbringen. Was wir dafür brauchen, ist Selbstvertrauen, und das können wir trainieren.

Frühe Erfahrungen prägen unser Handeln als Erwachsene

Wir sind uns wahrscheinlich darüber einig, dass das Leben viele Überraschungen bereithält. Haben wir schon früh gelernt, dass wir uns aus schwierigen Situationen selbst wieder heraushelfen können, wissen wir um unsere Wirksamkeit. Wir vertrauen unseren Fähigkeiten und erfahren unsere Kompetenz, etwas Eigenes zu schaffen. Ein Kind, das schreit, dass es etwas »selbst machen« möchte, kämpft für sein Bedürfnis, wirken zu wollen. Selbstvertrauen erlernen wir zunächst dadurch, dass uns andere etwas zutrauen. Das Erlebnis von Kompetenz schafft daraufhin Selbstvertrauen, wir empfinden Stolz und Freude. So beginnen wir, Motivation zu entwickeln, Herausforderungen zu suchen und Chancen zu ergreifen. Das erste Mal ein Puzzle geschafft, den Weg zur Schule allein gegangen, eine Prüfung bestanden, bei einer Freundin übernachtet und sich selbst Mut gemacht – wir begreifen: Ich schaffe das.

Wurde einem Kind hingegen vieles durch Bezugspersonen abgenommen, weil eingegriffen wurde, wenn es sich ausprobieren wollte, hat es sich tendenziell als unwirksam erlebt. Es fühlt sich als Erwachsene/r ausgeliefert und glaubt, sein Leben nicht beeinflussen zu können, vertraut sich und seinen Fähigkeiten nicht. Hier entwickelt sich wahrscheinlich ein statisches Selbstbild mit gegebenen und nicht veränderbaren Fähigkeiten. Kinder hingegen, die sich von Bezugspersonen allein gelassen fühlten und keinerlei Unterstützung bekamen, können als Erwachsene wenig Vertrauen in andere entwickeln und der Meinung sein, ihnen würde ohnehin niemand helfen.

Sich im Leben auf die Dinge zu konzentrieren, auf die wir Einfluss haben, ist sehr viel konstruktiver und erfüllender, als sich auf das zu konzentrieren, was vermeintlich nicht zu ändern ist. Es geht nicht darum, auszublenden, was auf der Welt passiert, sondern sich dem zu widmen, wie wir uns und anderen das Leben erleichtern und die Welt ein wenig besser machen können. Um zu differenzieren, was unserem Einfluss unterliegt und was nicht, eignet sich die folgende Übung.

Interesse oder Einfluss?

Schreibe auf, welche Themen dich momentan besonders beschäftigen, und ordne sie den zwei Bereichen Interesse oder Einfluss zu. Du wirst vielleicht feststellen, wie viele Dinge nicht in deinem Einflussbereich liegen, und kannst sie so einfacher aus deinen Gedanken ziehen lassen.

Selbst wirken

Haben wir das Wissen, dass wir schwierige Situationen und Herausforderungen aus eigener Kraft erfolgreich bewältigen und beeinflussen können, erleben wir uns als selbstwirksam. Unser Leben wird durch unser Handeln bestimmt, daher ist das Wissen um unsere Handlungsfähigkeit enorm wichtig, um sich nicht ausgeliefert zu fühlen. Wenn wir unsere Fähigkeiten kennen, können wir einschätzen, was wir uns zutrauen. Erleben wir dann einen Erfolg, stärkt das wiederum unser Vertrauen in uns und unsere Selbstwirksamkeit.

Der kanadische Psychologe Albert Bandura gehörte zu den einflussreichsten Psychologen des 20. Jahrhunderts. Besonders bekannt wurde er durch seine Arbeiten im Bereich der sozialen Lerntheorie und der Selbstwirksamkeitserwartung. Bandura geht davon aus, dass Menschen meistens nur dann eine Handlung beginnen, wenn sie davon überzeugt sind, dass sie diese tatsächlich erfolgreich ausführen können. Er sagt, dass Menschen, die glauben, ein gewisses Maß an Kontrolle über ihr Leben zu haben, gesünder, effektiver und erfolgreicher sind. So haben wir durch unsere mentale Herangehensweise Einfluss auf unser Verhalten, Denken und Lernen.

Das Gegenteil von Selbstwirksamkeit ist der Zustand der Hilflosigkeit. Dort, wo Erwartungen brachliegen und keine Hoffnung zu finden ist, glauben wir, keinen Einfluss auf die Umstände des Lebens nehmen zu können. Die Selbstwirksamkeitserwartung ist niedrig und führt im schlimmsten Fall zu einer depressiven Passivität. Es entwickelt sich das Gefühl: »Das Leben passiert mir und ich bin ihm ausgeliefert.« Das Überleben beruht so auf den Entscheidungen anderer. Die Forschung bezeichnet dies als »erlernte Hilflosigkeit«. Der Begriff wurde 1967 vom bereits erwähnten Psychologen Martin E. P. Seligman zusammen mit dem Neurowissenschaftler Steven F. Maier geprägt und dient als Modell, um bestimmte Formen menschlicher Depressionen zu erklären.

Das Unmögliche möglich machen

Zu viel des Guten gibt es jedoch auch bei der Selbstwirksamkeitserwartung, wenn wir unsere Fähigkeiten selbst höher einschätzen als sie tatsächlich sind. Aber Selbstüberschätzung kommt nicht nur sehr viel seltener vor, sondern sie kann beim Scheitern auch helfen, uns in Zukunft realistischer einzuschätzen. Natürlich können die Folgen von Selbstüberschätzung unterschiedlich stark ausfallen. Unser gesunder Menschenverstand sollte uns sagen, wann sie zu ernsthaften Problemen führen könnten, beziehungsweise wann wir uns austesten können, ohne Schaden anzurichten. Blicken wir in die Geschichte der Menschheit zurück, so waren es die kühnen Entdecker, Erfinder und Visionäre, die uns neue Welten eröffneten. Menschen, die entgegen der allgemeinen Auffassung das scheinbar Unmögliche möglich gemacht haben. Sie haben eine psychologische Mauer durchbrochen.

Ein eindrückliches Beispiel: Bis zum 6. Mai 1954 glaubten Ärzte und Wissenschaftler, dass eine Meile nicht unter vier Minuten gelaufen werden kann. Es galt: Der menschliche Körper könnte dies nicht leisten. Der britische Leichtathlet Roger Bannister glaubte das nicht. Ihm gelang es offiziell, als Erster die Meile in weniger als vier Minuten zu laufen. Er erreichte das Ziel in 3 Minuten und 59,4 Sekunden. Er war mental vorbereitet, seine Vision war felsenfest. Genau 46 Tage später wurde ihm der Weltrekord abgenommen, und noch im selben Jahr liefen 37 Läufer die Meile unter vier Minuten. Die Wirkung seines Erfolgs, der eine kollektive mentale Überzeugung einriss, ging weit über die Sportwelt hinaus und inspirierte viele Menschen, scheinbar unüberwindliche Barrieren zu durchbrechen. So beschreibt der Roger-Bannister-Effekt, dass die Vorstellungskraft als mentales Hindernis oft die tatsächlichen Grenzen menschlicher Leistungsfähigkeit beschränkt.

In der Selbstwirksamkeit nimmt Albert Bandura zwei Unterscheidungen vor:

Die **spezifische Selbstwirksamkeit** bezieht sich auf die Überzeugung, eine ganz konkrete Herausforderung bestehen zu können, beispielsweise eine Sprache innerhalb kürzester Zeit zu beherrschen, die

Anforderungen eines Auftrages zu erfüllen oder eine bestimmte Anzahl an Übungen beim Sport durchführen zu können.

Die **allgemeine Selbstwirksamkeit** hingegen beinhaltet die Überzeugung, die Welt und die Umgebung erfolgreich gestalten zu können. Dies setzt ein gewisses Maß an Selbstvertrauen und Selbstbewusstsein voraus.

Wenn wir unsere Ziele verfolgen wollen und vermeintlich unerreichbare Grenzen überwinden müssen, wird umso klarer, wie wichtig es ist, an die Möglichkeit des angeblich Unmöglichen zu glauben. Außerdem wird deutlich, wie sehr uns herausragende Leistungen und Durchbrüche anderer Menschen ermutigen können, unsere Träume ebenfalls zu verwirklichen.

Selbstwirksamkeit steigern

Albert Bandura benennt vier Faktoren, die relevant für die Entwicklung von Selbstwirksamkeit sind:

1. **Erfolgserlebnisse:** Erfolgserlebnisse stärken die Selbstwirksamkeitserwartung auf natürliche Weise. Haben wir in einer herausfordernden Situation bereits Erfolg gehabt, trauen wir uns das in zukünftigen ähnlichen Situationen zu. Wichtig ist jedoch, dass der Erfolg den eigenen Fähigkeiten zugeschrieben wird. Wiederholte Misserfolge hingegen, vor allem wenn die Ursachen dafür einem selbst zugeschrieben werden, führen bei einem statischen Selbstbild zu Schwächung der Selbstwirksamkeit: »Ich bin einfach nicht gut/intelligent genug.« (siehe unter »Ziele« ab Seite 188).

   Denken wir an das dynamische Selbstbild, kann die Auffassung von Erfolgen und Misserfolgen bereits einen erheblichen Einfluss auf unsere Wahrnehmung haben. Schreiben wir unseren Erfolg unserem Können zu und sehen unseren Misserfolg als Lernmöglichkeit an, können wir uns an Herausforderungen erfreuen und so an ihnen wachsen und uns erkennen. So sorgt die Einstellung des dynamischen Selbstbildes dafür, dass unsere Selbstwirksamkeitserwartung stabil bleibt.

2. **Stellvertretende Erfahrungen (Beobachten von erfolgreichen Menschen):** Personen zu beobachten, die einem selbst wichtig oder ähnlich sind, stärkt ebenfalls die Selbstwirksamkeit. Eine Person, mit der wir uns identifizieren, die etwas schafft, das vor uns liegt, schenkt uns Mut und Zuversicht, es selbst schaffen zu können. »Person XY hat das geschafft, dann schaffe ich das auch.« Andere dürfen uns inspirieren, denn ihre Geschichten lassen uns träumen, und wir erkennen uns selbst besser. Aber wir müssen uns dabei nahe bleiben und uns fragen: »*Will* ich das? Will *ich* das? Will ich *das*?«
3. **Verbale Ermutigung durch soziale Gruppen:** Wenn andere an uns glauben und uns Mut zusprechen, stärkt das unsere Selbstwirksamkeit. Besonders Menschen, zu denen wir in positiver Beziehung stehen oder die ein Ideal vertreten, wirken positiv auf uns. Einen negativen Einfluss hat es hingegen, wenn andere Menschen sich herablassend über unsere Kompetenzen äußern und uns etwas nicht zutrauen.
4. **Interpretation von Emotionen und Empfindungen:** Körperliche Empfindungen, die unter Druck entstehen, wie Schwitzen, Herzrasen oder zittrige Knie, werden oft als Zeichen für ein mögliches Scheitern wahrgenommen. Wenn wir diese Reaktionen neu interpretieren, etwa als Zeichen freudiger Erregung, hilft uns das, unsere Selbstwirksamkeit zu erhöhen. Wenn du das nächste Mal in einer Situation bist, in der du körperliche Reaktionen wahrnimmst, überlege dir, wie du sie noch deuten kannst.

In Situationen, die uns ein Gefühl der Hilflosigkeit vermitteln, spüren wir oftmals unsere Handlungsmacht nicht. Um das zu ändern, brauchen wir reflektierende und lösungsorientierte Fragen, die darauf abzielen, unsere eigenen Stärken zu erkennen, Klarheit über die aktuelle Situation zu gewinnen und konkrete Schritte zu planen. Hier sind einige Fragen, die dich dabei unterstützen können:

Selbstreflexion

- Welche Fähigkeiten und Stärken habe ich, die mir in dieser Situation helfen können?
- Wann habe ich eine ähnliche Herausforderung erfolgreich gemeistert? Was hat mir damals geholfen?
- Was schätze ich an mir? Wie kann ich dies nutzen?

Zielklärung

- Was möchte ich wirklich erreichen? Was sind meine langfristigen Ziele?
- Warum ist es wichtig für mich, dieses Ziel zu erreichen? Was motiviert mich dabei?
- Was würde sich in meinem Leben ändern, wenn ich dieses Ziel erreiche?

Situationsanalyse

- Was sind die konkreten Herausforderungen, denen ich gegenüberstehe?
- Welche Ressourcen (Zeit, Wissen, Unterstützung) stehen mir zur Verfügung?
- Wer oder was kann mir in dieser Situation helfen?

Planung

- Welche ersten Schritte kann ich unternehmen, um mein Ziel zu erreichen?
- Was ist der nächste kleine Schritt, den ich sofort tun kann?
- Welche Alternativen habe ich, falls ein Plan nicht funktioniert?

Selbstmanagement

- Wie kann ich meine Zeit und Energie am besten einteilen, um meine Ziele zu verfolgen?
- Was kann ich tun, um mich zu motivieren und positiv zu bleiben?
- Wie gehe ich mit Rückschlägen um, und was lerne ich aus ihnen?

Reflexion

- Welche Erfolge habe ich bereits erzielt, und wie kann ich darauf aufbauen?
- Was habe ich aus meinen bisherigen Erfahrungen gelernt, das mir jetzt nützlich sein könnte?
- Wie kann ich meinen Fortschritt regelmäßig überprüfen und feiern?

Die Kraft der Rückmeldungen von nahestehenden Menschen nutzen

Um unser Selbstbild zu formen, sammeln wir Informationen über uns und deuten sie unbewusst. Eine wichtige Rolle spielt dabei das Feedback, das wir von anderen erhalten. Es ist oft erstaunlich und berührend zu entdecken, wie andere uns sehen, insbesondere jene, die uns nahestehen und mit denen wir positive Beziehungen pflegen. Wir selbst erkennen oft nicht die besonderen Qualitäten, die uns auszeichnen und welche Eigenschaften andere in uns schätzen. Unser Selbstbild wird durch diese Rückmeldungen erweitert und unser Selbstbewusstsein gestärkt. Das hilft uns, mit liebevollem Blick auf uns selbst zu schauen, denn uns kann nur gespiegelt werden, was bereits da ist. Ich kann mir vorstellen, dass hier einige deiner Signaturstärken zum Vorschein kommen.

Feedback von anderen - Selbstbild stärken

Um diese wertvollen Einsichten zu gewinnen, stelle deinen nahestehenden Menschen folgende Fragen:

- Was schätzt du am meisten an mir?
- In welchen Situationen hast du mich als besonders stark oder kompetent erlebt?
- Welche meiner Fähigkeiten bewunderst du und warum?
- Gibt es eine besondere Erinnerung, die dir einfällt, wenn du an mich denkst?
- Wie würdest du meine Art, mit Herausforderungen umzugehen, beschreiben?

- Was denkst du, mache ich besonders gut in meinen Beziehungen zu anderen?
- Welche meiner Werte oder Überzeugungen respektierst du am meisten?

Durch die Befragung wird dir sicherlich auffallen, dass sie nicht nur ein Werkzeug zur Selbsterkenntnis sind. Sie sind eine Einladung, tiefer in die Beziehungen einzutauchen und die Liebe und Wertschätzung, die dir entgegengebracht wird, wirklich zu fühlen. Du kannst die Liste an Fragen jederzeit um dir wichtige Fragen im Gespräch ergänzen.

Erlebtes in einen neuen Rahmen setzen

Die Methode des »Reframings« dient dazu, vergangene Erfahrungen aus einer anderen Perspektive zu betrachten und trainiert die Fähigkeit, Situationen und Gegebenheiten flexibler und unvoreingenommen wahrzunehmen. Beim »Reframing« setzen wir ein bestimmtes Ereignis oder auch Verhalten in einen neuen Rahmen. Indem wir eine andere Wahrnehmung der Situation erlangen, bilden sich neue Denk- und Handlungsmöglichkeiten. Zukünftig können wir ähnlichen Situationen ganz anders begegnen. Denn häufig sind wir gefangen in unserer Wahrnehmung und vergessen dabei, mit etwas Abstand zu überprüfen, ob es andere Perspektiven einer erlebten Situation gibt. Im Nachhinein lassen sich manches Mal positive Entwicklungen aus schwierigen Zeiten erkennen. Herausforderungen werden uns immer wieder begegnen. Umso besser ist es, wenn wir ihnen in Zukunft besser gewachsen sind.

Lerne aus vergangenen Herausforderungen

Beschreibe eine vergangene Situation, die bis heute Unwohlsein in dir auslöst, so neutral wie möglich:

Was ist genau geschehen? Was ist im Vorfeld dieser Situation passiert?

Schreibe auf, welche Gedanken und Gefühle sie in dir ausgelöst hat.

Was denkst du über dieses Gefühl? Wo hast du das Gefühl im Körper gespürt? Welche Handlung hat das Gefühl ausgelöst?

Was fällt dir dabei auf?

Unsere Denkgewohnheiten bestehen aus Wörtern, die wir immer wieder nutzen, um unsere Wahrnehmung zu beschreiben. Wie bewertest du die Sprache, die du genutzt hast, um deine Gefühle zu beschreiben? Wenn du berücksichtigst, welche Kraft Wörter auf uns hat, überlege dir, ob dir andere Wörter einfallen. Angst kann zum Beispiel auch als eine positive Aufregung gewertet werden, weil du etwas noch nicht vorher gemacht hast.

Wie könntest du die Situation noch betrachten?

Versuche, verschiedene Blickwinkel einzunehmen:

Gab es eine innere Haltung der Situation gegenüber, die dich beeinflusst hat? Gäbe es andere Umstände, die dazu geführt hätten, dass deine Reaktion anders ausgefallen wäre? Was kannst du aus der Situation heute lernen?

Schreibe auf, wie du die Situation anders betrachten könntest:

Welche Chancen kannst du erkennen?

- Folgende Fragen helfen dir dabei: Wie würde ich mir wünschen, mit dieser Situation umzugehen? Wofür stehe ich ein, und was ist mir dabei wichtig? Welche Chance eröffnet sich durch diese heutige Sichtweise?

Menschsein:
Sinn, Werte und Ziele

Sinn und unsere Werte

Wir leben in einer Welt des Überflusses. Auf den ersten Blick scheint es, als hätten wir alles, was wir brauchen, um glücklich und zufrieden zu sein. Doch viele von uns spüren eine tiefe innere Leere. Warum fehlt so vielen Menschen der Sinn im Leben, obwohl unsere Gesellschaft alles zu haben scheint? Dieses Paradoxon ist weit verbreitet. Trotz all des materiellen Reichtums und der Möglichkeiten fühlen sich viele Menschen orientierungslos und unerfüllt. Das Streben nach Konsum und schnellen Erfolgen kann uns nicht das geben, was wir wirklich brauchen: einen tiefen, inneren Sinn, der unserem Leben Richtung und Bedeutung verleiht.

Der Wiener Psychiater Viktor E. Frankl erlebte die Schrecken des Zweiten Weltkriegs und schrieb darüber in seinem Buch »… Trotzdem Ja zum Leben sagen: Ein Psychologe erlebt das Konzentrationslager«. Frankl schaffte es, selbst unter unmenschlichsten Bedingungen einen Sinn im Leben zu sehen. Er erkannte, dass unsere Gesellschaft fast alle Bedürfnisse befriedigen kann – außer dem Bedürfnis nach Sinn. (Im PERMA-Modell sind wir bereits kurz darauf eingegangen, siehe Seite 9 f.). Das sei der Grund, warum in der westlichen Welt ein zunehmend starkes Sinnlosigkeitsgefühl bestehe. Selbst Menschen, deren Grundbedürfnisse komplett erfüllt seien, litten unter Sinnlosigkeit und seien somit unzufrieden bis depressiv.

Sinn und Werte sind eng miteinander verbunden. Unsere Werte spiegeln wider, was uns wichtig ist und was unserem Leben Bedeutung verleiht. Sie geben uns eine innere Orientierung und helfen uns, Entscheidungen zu treffen, die mit unserem Selbst im Einklang stehen. Ohne klare Werte und einen tieferen Sinn können wir leicht das Gefühl haben, uns im Leben zu verlieren oder uns nicht zurechtzufinden.

In diesem Kapitel wollen wir uns auf die Suche nach dem Sinn und unseren persönlichen Werten begeben. Sieh es als eine Einladung, wie du deine eigenen Werte erkennen und leben kannst, um mehr Erfüllung und Richtung in deinem Leben zu finden.

Es gibt unterschiedliche Aspekte, wie wir Sinn erleben können:

- **kognitives Sinnerleben**, welches sich auf Überzeugungen und Werte bezieht. Das, was wir erleben, wenn wir unsere Überzeugungen und Werte bestätigt finden.
- **emotionales Sinnerleben**, das sich auf Erfüllung und Zufriedenheit bezieht, die mit wertorientiertem Handeln einhergehen.
- **verhaltensbezogenes Sinnerleben**, das auf aktivem zielgerichtetem Handeln beruht. Das, was wir für unsere Ziele in den einzelnen Lebensbereichen konkret tun.

Was uns von unseren Werten trennt

An wenig glauben Menschen mehr als an Macht und Erfolg. Anstatt uns an uns selbst zu orientieren und unserer Definition von Glück nachzugehen, lassen wir uns definieren und schieben fehlende Erfüllung auf unsere Unzulänglichkeiten. Wir alle kennen diese Gefühle im Großen wie im Kleinen. Mit jedem Hoffen, materielle Werte würden unsere inneren Wünsche nach Liebe, Anerkennung und Zugehörigkeit ein für alle Mal befriedigen, wandern wir tiefer in den dichten Nebel. Diejenigen, die ausbrechen, sind unangenehm, denn sie erinnern uns an das, was wir uns nicht erlauben wollen. Dabei vermitteln wir uns gegenseitig genau das: Es gibt nur eine Art des Richtig-Seins. Es ist wie eine Geschichte, die wir uns alle stetig selbst erzählen. An die wir meinen, glauben zu müssen, obwohl jeder in sich spürt, dass sie nicht stimmen kann.

Den Griff zum Handy, um sich von unangenehmen Gefühlen zu distanzieren, kennen wir wahrscheinlich alle. Dabei geht nicht nur ziemlich viel unserer Zeit drauf, sondern auch eine enorme Kraft, nämlich die unserer inneren Stimme. Täglich werden wir von Informationen,

Meinungen und Bildern überflutet, die uns zeigen, wie wir sein und was wir erreichen sollten. Dieser ständige Strom an Eindrücken kann uns von dem ablenken, was uns wirklich wichtig ist und wer wir eigentlich sind. Der Vergleich mit anderen bleibt nicht aus. Social Media, Werbung und gesellschaftliche Erwartungen setzen uns ständig unter Druck, bestimmte Ziele zu erreichen oder bestimmten Idealen zu entsprechen. Wir sehen die scheinbar perfekten Leben anderer Menschen und fühlen uns oft minderwertig, weil wir nicht mithalten können. Wir definieren unseren Wert mittels äußerer Maßstäbe, die nicht unbedingt zu uns passen. Anstatt uns auf unsere eigenen Fortschritte und Erfolge zu konzentrieren, verlieren wir uns in einem endlosen Wettbewerb. Wir fühlen uns gestresst, überfordert und unglücklich, weil wir das Gefühl haben, niemals gut genug zu sein.

Je häufiger wir unser Leben mit dem anderer Menschen vergleichen und je größer die Diskrepanz zu unserem Empfinden ist, desto weiter rücken wir von uns weg. Wir sehnen uns nach Lebendigkeit, während wir auf Bildschirme starren, und beginnen, unsere Identität an sich stetig wiederholende Bilder anzupassen.

Wir vergessen dabei, dass andere ihre Bilder nicht mit unseren Farben gemalt haben. Wir verwenden andere Stifte. Unsere Linien haben nicht denselben Schwung. So schön das Bild aussehen mag, es fehlt ihm an Ausdruck und Leben. So kommt es, dass wir selbst nicht mehr wissen, wie wir uns fühlen und was wir wollen. Entscheidungen fallen uns schwer, wir verspüren Unbehagen, sobald wir mit uns selbst konfrontiert sind. Wir flüchten, bis wir feststellen müssen, dass wir zu sehr damit beschäftigt waren, unsere Augen auf jemand anderen zu richten und unser Herz leise zu halten.

Aus dieser Sackgasse hilft nur, sich selbst regelmäßig zu reflektieren. So können wir erkennen, wann wir aus einem unerfüllten Bedürfnis oder mangelndem Selbstwert handeln und welche Werte für uns von Bedeutung sind. Worum es geht, ist, den Sinn zu erkennen, den wir uns von unserem Tun erhoffen.

Der kanadische Psychologe Paul T. P. Wong definiert Sinn über die vier Grundlagen des PURE-Modells. Es unterstützt dich, Antworten auf Fragen zu finden und hilft dir, eine förderliche innere Haltung anzunehmen. Schauen wir uns die vier Grundlagen an:

- **P**urpose – Bestimmung: Das eigene Leben als sinnvoll und bedeutsam wahrnehmen. Dazu gehören die persönliche Mission, Lebensentwürfe, Werte, Ziele und Prioritäten. Menschen mit einem starken Sinnempfinden haben klare Ziele und eine Richtung, die sie leitet und motiviert.
- **U**nderstanding – Verständnis: Das Streben nach Verständnis und Weisheit. Es bezieht sich auf die Suche nach Bedeutung, Zusammenhängen und Erkenntnissen, um das Leben und die eigene Rolle besser zu verstehen. Dazu gehören Erkenntnisse über das Selbst und das Wesen anderer Menschen.
- **R**esponsible Action – verantwortungsvolles Handeln: Ethik und Moral bilden die Grundlage des Verantwortungsbewusstseins. Es beinhaltet bewusste Entscheidungen und aktives Engagement für ein sinnvolles Handeln.
- **Enjoyment, Evaluation** – Freude und Reflexion: Das natürliche Ergebnis eines sinnerfüllten Lebens sind Freude und Wohlbefinden. Sind wir zufrieden und haben wir erreicht, was wir uns vornahmen, bildet sich ein gutes Fundament, aus dem aktiv Veränderungen angestrebt werden können. So erlangen wir persönliches Wachstum und psychische Reife.

Vergleich und Selbstwertgefühl

Bereits zu Beginn des Buches haben wir einen kleinen Abstecher in die Individualpsychologie gemacht, die den Menschen als Individuum im Kontext seiner Beziehungen sieht. Wir alle suchen unseren Platz in der Welt und die Gemeinschaft, zu der wir gehören wollen. Um diesen

Platz zu sichern, bedarf es der Gleichwertigkeit aller Menschen innerhalb einer Gemeinschaft. Aus dem Wunsch nach Zugehörigkeit entwickeln wir dann Verhaltensstrategien, die uns Erfüllung und Sicherheit ermöglichen sollen. Hier gibt es viele Irrwege, auf die wir geraten können: »Je mehr Anerkennung, Attraktivität und/oder Geld ich besitze, desto glücklicher bin ich.« Menschen, die den Großteil ihres Lebens damit verbringen, ein Maximum an Erfolg zu erzielen, werden vermutlich irgendwann feststellen, dass äußere Errungenschaften nicht automatisch zu innerer Erfüllung führen.

Wir wissen inzwischen um das Gefühl der Minderwertigkeit und des negativ ausgerichteten Selbstbildes. Die Annahme, nicht gleichwertig zu sein, verleitet uns dazu, den Selbstwert erhöhen zu müssen (siehe psychische Grundbedürfnisse, ab Seite 21). Doch das Gefühl, nicht so viel wert zu sein, ist subjektiv und kann nur durch Vergleiche entstehen. Indem wir andere bewerten, schätzen wir uns als schlechter, gleich gut oder besser ein. Menschen mit starken Minderwertigkeitsgefühlen verhalten sich eventuell überkompensatorisch, um wieder Gleichheit mit anderen herzustellen oder sich sogar überlegen zu fühlen. So prahlen sie beispielsweise mit Erfolgen, Besitz oder Können. Erinnern wir uns an das statische Selbstbild, das glaubt, wertvoll und akzeptiert zu sein, wenn es fehlerlos ist und nie versagt: Menschen, die sich zusätzlich als minderwertig erachten, stehen wahrscheinlich ständig unter Druck und überfordern sich.

Um innere Ruhe zu finden und den Kontakt mit uns wiederherzustellen, bietet es sich an, aus dem Vergleich herauszutreten, sich auf die eigenen Werte zu besinnen und diese im Alltäglichen zu leben. Wir unterliegen ohnehin einer steigenden innerlichen Pendelbewegung, bewegen uns auf uns zu und von uns weg. Je mehr Bewusstsein wir über unser Innenleben gewinnen, desto besser können wir die Nähe zu uns halten und die Pendelbewegung verkleinern. Um diese Selbstwahrnehmung zu verfeinern, also Achtsamkeit zu üben, sind Meditationen, Body-Scans, Yoga oder körperliche Aktivitäten sehr hilfreich.

Werte

Was uns wirklich antreibt, sind unsere Werte. In ihnen liegt verborgen, was uns glücklich macht, was uns wichtig ist und was das Leben für uns lebenswert macht. Wir sympathisieren mit Menschen, die ähnliche Vorstellungen haben, und lehnen jene ab oder stehen ihnen zumindest vorsichtig bis skeptisch gegenüber, die sich anders verhalten als wir es für richtig halten. Unsere Werte sind es, die uns Widerständen trotzen und sogar negative Konsequenzen in Kauf nehmen lassen. Sie geben uns Kraft und motivieren uns. Wollen wir glücklich sein, sind unsere Werte die Pfeile unseres Navigationssystems, denen wir folgen sollten. Wenn wir unser Leben bewusst nach unseren Wertvorstellungen ausrichten und wir hinter unseren Zielen, Bedürfnissen und Prioritäten stehen, werden wir unser Leben und das, was wir tun, als sinnvoll empfinden.

Bei unseren Stärken geht es darum, Erfüllung und Sinn zu erleben. Doch dabei kann es Kollisionen geben zwischen dem, was wir tun wollen und wie wir es tun müssen. Hier kommen unsere Werte ins Spiel. Ein Beispiel: Endlich haben wir den lang ersehnten Job, von dem wir immer geträumt haben. Doch schon nach wenigen Wochen stellt sich heraus, dass er sich anders anfühlt als erhofft. Obwohl wir unsere Stärken einbringen können und das tun, was wir lieben, stimmt etwas nicht. Wir sind verunsichert und fühlen uns nicht wohl, weil wir entgegen unseren Werten handeln müssen. So wird aus dem Traumjob doch wieder nur ein Job.

Ähnliche Situationen kennen wir alle, oder?

Ziele und Werte gehören zusammen

Ganz gleich, um welchen Lebensbereich es geht: Wir müssen unsere Entscheidungen mit beidem abgleichen, mit Zielen und Werten, sonst fühlt es sich an, als würden wir uns verraten und lebten nicht integer. Die folgenden Beispiele verdeutlichen, dass unsere Ziele nicht ohne unsere Werte funktionieren:

- Lisa liebt ihren Job im Marketing und arbeitet seit dem Ende ihres Studiums schon seit einigen Jahren in einem großen Unternehmen. Sie wünscht sich aber, mehr Entscheidungsfreiheit und Einfluss auf die Projekte nehmen zu können. Also ergreift sie die Chance, bewirbt sich auf eine Führungsposition und bekommt den Job als Beraterin eines großen Bio-Landwirtschaftsbetriebes mit Viehwirtschaft. Lisa lebt vegan, aber die Anerkennung und das Gehalt waren zu verlockend. Nach wenigen Wochen stellt sie fest, dass sie hinter einigen Maßnahmen nicht stehen kann und die Beschäftigung mit dem Unternehmen sie mehr und mehr unzufrieden macht. Sie fühlt sich, als würde sie ihre Werte verraten. Lisas Wertehierarchie lautet: Empathie, Umweltschutz, Kreativität, Begeisterung und Integrität.
- Max hatte eine schwere Schulzeit, weil er von seinen MitschülerInnen gemobbt wurde. So fehlte er häufig, verpasste nicht nur Lernstoff, sondern entwickelte auch Konzentrationsstörungen. Seinen späteren Beruf als Industriekaufmann hatte er seinem Onkel zu verdanken, der in der Personalabteilung eines Rüstungsherstellers angestellt war. In den ersten Jahren der Ausbildung hat Max sich vor allem vom Stress seiner Schuljahre erholt. Er fand in seinem Ausbildungsbetrieb Anschluss und einen neuen Freund, inzwischen arbeitet er im Controlling. Auch wenn Max mit dem Produktionsschwerpunkt des Unternehmens zu kämpfen hatte, war er froh, einen Schlussstrich unter seine Vergangenheit ziehen zu können. Dennoch entwickelte er ein stärker werdendes Bedürfnis nach Frieden. Und seit einiger Zeit weiß Max, dass ihm nichts auf der Welt wichtiger ist. Seitdem Krieg in Europa stattfindet, fällt es ihm zunehmend schwerer, zur Arbeit zu gehen. Obwohl alle mit seiner Leistung zufrieden sind und er sich vor allem um die Überwachung der Buchführung kümmert, kann er nicht ausblenden, dass er entgegen seiner Überzeugung handelt. Max Wertehierarchie lautet: Frieden, Ordnung, Familie, Gewissheit und Freiheit.

Studien ergaben, dass es vor allem auf die innere Einstellung gegenüber unserer Arbeit ankommt und jeder Job das Potenzial in sich trägt, Berufung darin finden zu können. Nicht der gesellschaftliche Stellenwert einer Beschäftigung entscheidet darüber, ob wir zufrieden sind, sondern ob wir Sinn in unserer Arbeit finden (siehe Pure-Modell Seite 177).

Meine Empfehlung an dich: Wähle deine Werte nicht aus einer sozialen Anpassung heraus. In Werte wachsen wir hinein. Daher übernehmen wir unsere Überzeugungen oft von unseren Bezugspersonen oder lassen uns davon beeinflussen, damit wir in ihren Augen »richtig« sind. So sichern wir unsere Bindung. Doch es ist wichtig für dich zu überprüfen, ob du die Werte deiner Eltern unbewusst übernommen hast und diese eventuell gar nicht zu dir und deinem Leben passen.

Um deine Werte ausfindig zu machen, eignet sich folgende Übung.

Meine Werte

Bitte nimm dir etwas zu schreiben und ein Notizbuch oder Papier.

- Denke an drei bis sechs Menschen, die du bewunderst oder liebst. Für welche Werte stehen sie deiner Ansicht nach?
- Beobachte aufmerksam die Entscheidungen, die du im Alltag triffst. Schreibe einige Tage lang bewusst die Werte auf, die hinter den wichtigsten Entscheidungen standen.
- Wann hast du das Gefühl, erfüllt zu sein? Was tust du dann? (Oft sind unsere Signaturstärken identisch mit oder ähneln unseren Werten.)

Wie schon in dem Kapitel »Unsere Stärken« (ab Seite 147) erwähnt, handeln wir dann automatisch nach unseren Werten, wenn wir unsere Signaturstärken anwenden.

Gehe nun über zu einem unangenehmen Gefühl:

- Was macht dich wütend? Welches Verhalten regt dich am allermeisten auf?
- Erinnere dich nun sowohl an die schönsten als auch an die schmerzhaftesten Momente deines bisherigen Lebens in den

verschiedenen Bereichen. Aus unseren Erfahrungen wird deutlich, was uns besonders wichtig ist. (Berücksichtige dabei die Lebensbereiche: Familie, FreundInnen/Beziehungen, Liebe/Partnerschaft, Beruf/Karriere, Gesundheit/Körper, Finanzen, persönliche Entwicklung, Freizeit/Erholung/Spaß.)

- Schaue dir die nachfolgende Auflistung der Werte an und streiche mit einem Bleistift durch, was dir nicht so wichtig ist. Auch wenn sich alles gut anhört: Denke daran, dass du für dich deine allerwichtigsten Werte herausfinden möchtest. Je häufiger du durch die Auflistung gehst, desto mehr wirst du bemerken, dass insbesondere Worte dich besonders berühren, die du als unverhandelbar empfindest. Vielleicht spürst du zusätzlich in deinen Körper hinein.
- Streiche so lange weitere Wörter, bis nur noch sieben Werte übrig sind. Frage dich: Wenn ich mich auf den allerwichtigsten Wert festlegen müsste, welcher wäre es? Selbst wenn es keine Begrenzung dafür gibt, was dir wichtig ist, erhältst du so eine bessere Übersicht, um deine Kern-Werte zu kennen. Wenn du bemerkst, dass einige Wörter etwas Ähnliches implizieren, wähle das Wort, das am meisten für dich zutrifft. Anschließend bringst du die restlichen sechs Werte in eine Hierarchie. Jeder Mensch definiert seine Werte individuell und bringt sie genauso zum Ausdruck. In Verbindung mit der Persönlichkeit und den damit einhergehenden Stärken zeigen sie sich auf ihre Art und Weise. Die folgende Liste ist zwar lang, erhebt aber keinen Anspruch auf Vollständigkeit. Wenn dir etwas fehlt, ergänze es:

Abenteuer, Abwechslung, Achtsamkeit, Aktivität, Akzeptanz, Altruismus, Anerkennung, Andersartigkeit, Anstand, Ästhetik, Aufgeschlossenheit, Aufmerksamkeit, Aufrichtigkeit, Ausdauer, Ausgeglichenheit, Authentizität, Begeisterung, Berühmtheit, Bescheidenheit, Besonnenheit, Bewusstheit, Brillanz, Charme,

Dankbarkeit, Demut, Diskretion, Disziplin, Dominanz, Durchsetzungsvermögen, Effektivität, Effizienz, Ehrfurcht, Ehrgeiz, Ehrlichkeit, Eigenständigkeit, Einfachheit, Einfallsreichtum, Einfluss, Eleganz, Empathie, Energie, Engagement, Entdeckung, Enthusiasmus, Entschlossenheit, Entspannung, Erfahrung, Erfolg, Erhabenheit, Erholung, Erkenntnis, Expertise, Exzellenz, Familie, Fairness, Fantasie, Faszination, finanzielle Unabhängigkeit, Fitness, Fleiß, Flexibilität, Flow, Fokus, Freiheit, Freude, Freundlichkeit, Frieden, Führung, Fürsorge, Gastfreundschaft, Geben, Geduld, Genauigkeit, Genügsamkeit, Genuss, Geschicklichkeit, Geschwindigkeit, Gemütlichkeit, Geselligkeit, Gewinnen, Gewissheit, Glaube, Glaubwürdigkeit, Glück, Großzügigkeit, Güte, Harmonie, Herzlichkeit, Hilfsbereitschaft, Hingabe, Hoffnung, Höflichkeit, Humor, Individualität, Inspiration, Integrität, Intelligenz, Intensität, Intimität, Intuition, Jugendlichkeit, Karriere, Klarheit, Klugheit, Komfort, Kommunikation, Konsequenz, Kontinuität, Kontrolle, Konzentration, Kooperation, Kreativität, Langlebigkeit, Lebendigkeit, Lebenskraft, Leidenschaft, Leistung, Lernen, Liebe, Logik, Loyalität, Macht, Mäßigung, Milde, Mitgefühl, Mitwirkung, Motivation, Mut, Nachhaltigkeit, Nächstenliebe, Nähe, Neugier, Offenheit, Optimismus, Ordnung, Perfektion, Pflicht, Präsenz, Präzision, Privatsphäre, proaktiv sein, Professionalität, Pünktlichkeit, Raffinesse, Realismus, Reflexion, Reichtum, Reife, Respekt, Ruhe, Sanftmut, Schönheit, Selbstbeherrschung, Selbstlosigkeit, Selbstvertrauen, Sensitivität, Sexualität, sicheres Auftreten, Sicherheit, Sieg, Signifikanz, Sauberkeit, Selbstdisziplin, Sinnlichkeit, Solidarität, Sorgfalt, Spannung, Sparsamkeit, Spaß, Spiritualität, Spontaneität, Stabilität, Standfestigkeit, Stärke, Stille, Struktur, Sympathie, Tapferkeit, Teamwork, Tiefe, Tradition, Treue, Überfluss, Überzeugung, Umwelt, Unabhängigkeit, Unterstützung, Verantwortung, Vernunft, Verlässlichkeit, Verständnis, Vertrauen, Verzeihen, Vielfalt, Vision, Vitalität, Wachstum, Weisheit, Willenskraft,

Wissen, Wortgewandtheit, Zielstrebigkeit, Zugehörigkeit, Zuneigung, Zuverlässigkeit, Zuversicht, Zweckmäßigkeit.

Nachdem du deine Werte identifiziert hast, frage dich, ob sie sich konkret in deinem Alltag widerspiegeln oder ob sie reine Theorie sind. Um deine Werte im Alltag wiederzufinden, hilft dir die nachfolgende Übung.

Sinn im täglichen Tun

Du brauchst einen Stift, ein Blatt Papier oder dein Notizbuch.

Tätigkeiten: Schreibe untereinander auf, welche wiederkehrenden Aufgaben und Tätigkeiten du im Alltag erledigst. Gehe dafür den ganzen Tag in Gedanken durch, von morgens mit dem Aufstehen bis zum Zubettgehen am Abend. Denke dabei an Tätigkeiten, die du gern tust, und an jene, die du nicht gerne machst.

Werte: Wenn du dir die erste Tätigkeit ansiehst, frage dich, welchen Nutzen sie hat. Schreibe daneben, welchem Ziel die Tätigkeit dient. Wozu trägst du damit bei? Definiere den Wert, der hinter der Tätigkeit steckt.

Auswertung: Umkreise alle Tätigkeiten, die mit deinen ermittelten wichtigsten Werten übereinstimmen. Wie empfindest du das Verhältnis zu den anderen Tätigkeiten? Kannst du die Tätigkeiten, die du ungern ausgeführt hast, nun durch einen anderen Blickwinkel sehen? Gibt es Tätigkeiten, die deinen definierten Werten entgegenstehen? Wenn ja, gibt es eine Erkenntnis oder Handlung, die du als Konsequenz daraus ziehst?

Transfer in den Alltag: Versuche, im Alltag den Sinn in einzelnen noch so kleinen Aufgaben zu finden.

Wiederhole die Übung alle sechs Monate, oder sobald du merkst, dass du Unlust empfindest, etwas zu tun.

Was ist wirklich wichtig?

Die größte Selbstfürsorge, die ich kenne, ist, sich immer wieder zu fragen, was uns wichtig ist, um uns von der Freiheit und den damit einhergehenden Möglichkeiten, die wir haben, nicht zu sehr verwirren zu lassen. Wir alle scheinen von der rasanten Entwicklung der Welt erschlagen und sind immer wieder aufgefordert, auf uns selbst zu hören. Dabei kommt es darauf an, welches Gefühl uns wirklich erfüllt und wie wir ihm im Zusammenspiel mit unseren Werten Ausdruck verleihen können. Ein Leben, das sich im Inneren gut anfühlt, ist sehr viel wertvoller, als eines, das im Außen gut aussieht. Das klingt vielleicht kompliziert und groß, aber letztlich müssen wir »nur« herausfinden, womit wir uns wohl und gebraucht fühlen. Außerdem gilt es, bereit zu sein, bis an unser Lebensende die Stellschrauben zu justieren und nicht zu erwarten, dass wir die ultimative Antwort finden. Denn es wird nichts geben, was uns besser begleiten könnte, als unserem Herzen zuzuhören und es als unseren wertvollsten Wegweiser anzuerkennen. Das Gefühl der inneren Übereinstimmung, wenn wir etwas tun, das uns erfüllt, ist wie ein Energiestrom, der in uns pulsiert und vibriert.

Bereit für Widersprüche

Ein Verhalten, ein Denkmuster oder eine Gewohnheit wieder ablegen zu können, erfordert Rückgrat, aber das ist eine der größten Freiheiten, die wir uns selbst erlauben dürfen. Wir sprechen von einem dynamischen Selbstbild und vom Leben, das ebenfalls dynamisch ist. Wie könnten unsere Meinungen und Ideen darüber statisch sein?

Ich höre von vielen Träumen, die niemals die Chance hatten, gelebt zu werden. Von Frauen, die mit Mitte 60 darüber sprechen, was sie nie gewagt haben. Von Frauen mit Mitte 30, die ihr Gesicht, ihren Job oder ihren Partner nicht verlieren wollen, weil sie sich einmal dafür entschieden haben. Ein Teil des Lebens mag sein, Träume nicht gelebt zu haben und sie damit als Träume zu bewahren, aber genauso sind einige von ihnen da, um sie Wirklichkeit werden zu lassen. Sie zeigen uns Richtungen auf. Wie oft glauben wir, wir dürften uns Widersprüche nicht erlauben? Von einer einmal gefassten Meinung abweichen und die Relativität der Dinge erkennen? Uns umentscheiden, wenn wir uns eigentlich schon entschieden haben? Selbst wenn wir schon viel Arbeit und Zeit in etwas investiert haben, bedeutet es nicht, dass es wegen eines Richtungswechsels umsonst gewesen ist.

Wie oft halten wir so sehr an etwas fest, zügeln unsere Neugier und scheuen das Risiko, etwas auszuprobieren? Warum glauben wir, dass wir Gefühle, Momente, Menschen oder die Welt erfassen und sie unveränderbar abspeichern können? Je ausgiebiger wir uns dagegen wehren, widersprüchlich zu sein, desto mehr stehen wir unserer Entwicklung und Natur im Weg. Oft entstehen doch die besten Geschichten, wenn Menschen sich treu geblieben sind und den Mut gehabt haben, alles über den Haufen zu werfen. In jedem von uns stecken Ideen und Vorstellungen von dem, was wir einmal ausprobieren möchten. Bringe deine unterdrückten Wünsche mit der nächsten Übung auf den Punkt und erforsche, ob sie es wert sind, von dir ernst genommen zu werden.

Stelle dir vor, wie viel reicher dein Leben wäre, wenn du den Mut hättest, deinen inneren Impulsen zu folgen. Was könnte passieren, wenn du deine Neugier nicht länger zügelst und stattdessen die Welt mit offenen Augen und offenem Herzen erkundest? Veränderungen sind ein natürlicher Teil unseres Lebens, und oft führen uns die mutigsten Entscheidungen zu den schönsten Erlebnissen.

Ehrliche Fragen

- Welche Ideen und Wünsche hast du schon lange unterdrückt? Gibt es Träume oder Pläne, die du immer wieder beiseiteschiebst? Was hält dich davon ab, sie zu verfolgen?

- Wann hast du das letzte Mal etwas Neues ausprobiert, das dich herausgefordert hat?
  Wie hast du dich dabei gefühlt? Was hast du dabei über dich selbst gelernt?
- Welche Risiken scheust du und warum?
  Welche Ängste oder Bedenken hindern dich daran, neue Wege zu gehen? Sind diese Ängste rational, oder halten sie dich nur zurück?
- In welchen Bereichen deines Lebens könntest du offener für Widersprüche und Veränderungen sein?
  Gibt es Bereiche, in denen du dich festgefahren fühlst? Wie könntest du hier flexibler und offener für neue Erfahrungen werden?
- Was wäre das Schlimmste, das passieren könnte, wenn du deinen unterdrückten Wünschen nachgehst?
  Ist das wirklich so schlimm? Und was wäre das Beste, das passieren könnte?
- Wie könntest du kleine Schritte in Richtung deiner verborgenen Wünsche unternehmen?
  Was ist ein erster, realistischer Schritt, um deine Neugier zu befriedigen und deinem wahren Selbst näherzukommen?

Deine verborgenen Wünsche entdecken

- Nimm dir Zeit und finde einen ruhigen Ort, an dem du ungestört nachdenken kannst.
  Schreibe alles auf, was du schon immer einmal tun wolltest, aber aus irgendeinem Grund nie getan hast. Lass deine Gedanken frei fließen, ohne sie zu bewerten.
- Wähle einen deiner vorher formulierten Wünsche aus und stelle dir vor, wie es wäre, ihn zu verwirklichen.
  Welche Gefühle kommen dabei auf? Was müsste sich in deinem Leben ändern, um diesen Wunsch zu erfüllen?

- Identifiziere die ersten kleinen Schritte, die du unternehmen könntest, um diesen Wunsch Realität werden zu lassen. Setze dir ein realistisches Ziel und einen Zeitrahmen. Was kannst du sofort tun, um diesem Wunsch einen Schritt näher zu kommen?

Den Mut finden, dein Leben zu verändern

Sobald du dich deinen unterdrückten Wünschen stellst und kleine Schritte in Richtung ihrer Verwirklichung unternimmst, kannst du wieder eine tiefere Verbindung zu deinen eigenen Gefühlen und Bedürfnissen herstellen. Klar, es erfordert Mut, sich gegen die Erwartungen und Normen der Gesellschaft zu stellen und den eigenen Weg zu gehen. Ich glaube aber, dass diese Reise dich zu dir selbst führen kann. Und wenn es nur ein paar Schritte dorthin sind.

Ziele

Um uns Ziele setzen zu können, brauchen wir eine Vorstellung davon, was uns attraktiv, sinnvoll und realistisch erscheint. Dazu sind wir in der Lage, weil wir durch Gedanken an die Zukunft innere Bilder entstehen lassen können. Wenn wir unsere Gedanken auf ein mögliches positives Ereignis richten, also auf einen Wunsch, können wir daraus Ziele formulieren. Auch auf der emotionalen Ebene, die für unsere Motivation entscheidend ist, entwickeln wir Gefühle zu unserer Vorstellung. Hinzu kommt der verbale Ausdruck, indem wir unsere Ziele sprachlich ausdrücken und formulieren. Es ist also vor allem wichtig, unsere Gefühle der Anziehung und Motivation zu entwickeln, die durch unsere Vorstellungskraft angeregt werden, um später die möglichen Optionen des Weges dorthin abwägen zu können. Erst dann können wir uns fokussieren und handeln.

Warum ist es so wichtig, sich Ziele zu setzen?

Sich ins Auto zu setzen und loszufahren, ohne sich vorher überlegt zu haben, wo es überhaupt hingehen soll, ist nur solange nett, bis uns der Sprit ausgeht. Wenn wir dann merken, dass wir doch vor allem am Meer glücklich sind, uns aber mitten in den Bergen befinden, kann das frustrierend sein.

Menschen, die eine Abneigung empfinden, sich Ziele zu setzen, haben häufig das Gefühl, dies würde sie in ihrer Freiheit einschränken. Das Gegenteil ist der Fall. Wenn wir eine Idee davon haben, was uns guttut und glücklich macht, ergeben sich auf dem Weg noch mehr Möglichkeiten. Diese zu verfolgen und unser Ziel zu justieren ist die eigentliche Freiheit. Es geht nicht darum, am Ende Bericht zu erstatten und der Familie, PartnerInnen oder FreundInnen zu erklären, warum etwas nicht wie vorgegeben erreicht wurde. Wir sind die Einzigen, denen wir Rechenschaft ablegen müssen. Nur der Weg zählt und die Zeit, die wir gewinnen können, wenn wir uns unsere Vorstellungskraft zunutze machen.

Die Art der Ziele wirkt unterschiedlich auf unser langfristiges persönliches Wohlbefinden. So stehen Angst, Depression und körperliche Symptome vor allem mit Zielen in Verbindung, die extrinsische Motive haben, in denen also die äußeren Umstände uns dazu bringen, etwas erreichen zu wollen. Häufig sind sie auf Macht, Einfluss, Wohlstand, Anerkennung und Attraktivität ausgerichtet. Ziele hingegen, in denen wir unsere Stärken nutzen, die aus intrinsischer Motivation, also aus unserem Inneren heraus entstehen, erhöhen unser langfristiges Wohlbefinden. Dazu gehört der Ausdruck unserer persönlichen Werte, mit denen wir einen Beitrag leisten wollen oder Beziehungen zu anderen Menschen in den Mittelpunkt stellen.

Ziele, die mit einem statischen Selbstbild betrachtet werden, können Versagensangst auslösen. Nämlich dann, wenn wir denken, dass festgeschrieben ist, was für uns möglich ist und was nicht. So wagen wir gar nicht erst, bestimmte Wünsche zu formulieren, damit wir nicht scheitern können. Um einen geringen Selbstwert zu schützen, versuchen Menschen mit einem statischen Selbstbild, keine übermäßige Aufmerksamkeit auf sich zu lenken, damit die vermuteten negativen persönlichen Eigenschaften nicht aufgedeckt werden. Ihre Ziele sind »Vermeidungsziele«, sie vermeiden, etwas zu tun. Dadurch sinkt ihre Selbstwirksamkeitserwartung weiter.

Zielsetzung und Werte verbinden

Beim Thema Werte sprachen wir darüber, dass wir uns Ziele setzen, die uns verlockend erscheinen, die aber nicht zu unseren inneren Überzeugungen passen. Wenn wir uns zu sehr an unserer Auffassung von gesellschaftlichem Erfolg orientieren und uns Anerkennung erhoffen, wird unsere innere Zufriedenheit nicht lange anhalten. Wir sind in einem Hamsterrad gefangen, das uns dazu bringt, immer neue und größere Ziele erreichen zu müssen.

Ich habe mich schon dabei ertappt, den Sinn hinter meinen Zielen aus den Augen zu verlieren. Statt mich in meiner Arbeit auf das zu konzentrieren, was ich liebte, fing ich an, mir Ziele zu setzen, die an Zahlen hingen und größer, aber inhaltslos wurden. Je mehr ich aufgebaut hatte, desto mehr hatte ich zu verlieren. Ich wurde unzufriedener, gestresster und verstand nicht, warum ich mich leer fühlte und meine Erfüllung verloren ging. Um für Sicherheit zu sorgen, orientierte ich mich am äußerlichen Erfolg und verstärkte damit unwissentlich meine Unzufriedenheit. Diese Erfahrung half mir, auf Pause zu drücken, mich zu sammeln und wieder mit mir in Kontakt zu kommen und mich neu auszurichten. Meine Ziele habe ich neu definiert, und ich fühle mich wieder stimmig dabei, sie zu verfolgen.

Es gehört zum Leben dazu, sich mal zu verfahren, es ist nur wichtig, anhalten zu können und einen genauen Blick auf die innere Karte zu werfen. Du siehst also, wie wichtig es ist, dass und wie wir Ziele formulieren und sie verfolgen.

Zukunftsvisionen

Wenn wir etwas verändern wollen, müssen wir Bewusstsein schaffen und unser Handeln zielgerichtet darauf auslegen. Das tun wir, indem wir Situationen gedanklich erfassen – über unsere Vorstellungskraft. Wir spüren, ob uns eine Fantasie gefällt oder nicht, ob es Ängste oder mögliche Risiken gibt oder ob wir inneres Wohlbefinden spüren. Die Vorstellungskraft kann so überzeugend sein, dass sie in uns Gefühle auslöst, als wäre das Szenario bereits eingetreten. Daraus können wir mögliche Handlungen ableiten.

Indem wir uns vorstellen, was wir erreichen, wie wir leben oder uns fühlen möchten, erschaffen wir eine Vision für unsere Zukunft. Es kann sich um einen Ort handeln, an dem wir leben wollen, die Umgebung, die wir uns in unseren Gedanken bis ins kleinste Detail ausgemalt haben, eine Partnerschaft, die all die wunderbaren Gefühle in uns weckt, von denen wir immer geträumt haben, eine Reise, auf der wir die Freiheit und Möglichkeiten des Lebens spüren, das Häuschen, in dem wir alt werden wollen, oder ein Bild von uns selbst und wie wir uns als Mensch sehen wollen. Zum einen benötigen wir dafür eine klare Vorstellung von dem, was wir uns wünschen. Zum anderen ist es wichtig, dass wir die Vision so lebendig und detailliert wie möglich gestalten und unsere Sinne mit einbeziehen. Welche Farben, Gefühle, Klänge oder Gerüche bringen wir mit unseren Vorstellungen in Verbindung?

Visualisierungen sind eine kraftvolle mentale Technik, die wir nutzen können, um unsere Selbstwahrnehmung zu stärken und unsere Motivation zu steigern, um aktive Handlungen vorzunehmen. In der folgenden Meditation kannst du Zukunftsideen ausgestalten und entsprechende Ziele definieren.

Meditation: Zukunfts-Ich

Du brauchst Zettel und Stift oder dein Notizbuch. Suche dir einen ungestörten Ort, an dem du dich wohlfühlst, und nimm dir 20 Minuten Zeit.

Stelle dir vor, du kannst in die Zukunft reisen. Wandere so weit, bis du dich an deinem 90. Geburtstag triffst. Es sind viele liebe Menschen gekommen, um mit dir zu feiern. Ihr verbringt gemeinsam einen schönen Tag. Am Ende des Tages findest du einen Moment der Ruhe. Du lässt dich in einen gemütlichen Sessel sinken, nimmst ein paar tiefe Atemzüge und lässt die letzten Jahrzehnte Revue passieren. Trotz der vielen Herausforderungen hast du dein bestmögliches Leben gelebt. Denn neben allem Schwierigen, was zum Leben dazugehört, hast du viele schöne Momente der Liebe, des Glücks, der Freude und der Hoffnung gehabt. Es gab Erfolge, die du gefeiert hast, und du hast dich stets weiterentwickelt. Es traten neue Menschen in dein Leben, die dein Herz mit Liebe erfüllt haben. Es waren Menschen an deiner Seite, die dich lange begleitet haben. Vielleicht manche nur für kurze Zeit, aber sie waren dennoch sehr bedeutsam für dich. Du erinnerst dich daran, wie du gelebt hast und was dir wichtig war. An das, wofür dich andere geschätzt und geliebt haben. Wenn du so auf dein Leben blickst, kannst du sagen: »Es war schön.«

Schreibe anhand der folgenden Fragen auf, wie du auf dein Leben zurückblickst:

- Was hast du gesehen? Wo warst du?
- Wo hast du dich besonders wohlgefühlt? Wie sah der Ort aus? Womit hast du dich umgeben?
- Welche Menschen waren an deiner Seite? Was waren das für Menschen?
- Von welcher Art Menschen hast du dich getrennt, weil sie dir nicht guttaten? Was machte die Menschen aus, mit denen du dich wohlgefühlt hast?

- Worin hast du deine Passion gefunden? Was hast du am liebsten gemacht? Worin hast du am meisten Sinn erlebt? Was hast du dafür vielleicht aufgegeben?
- Wie hast du gelebt? Was war dir wichtig? Welcher Lebensbereich ist von besonderer Bedeutung gewesen?
- Wenn dir noch mehr einfällt, schreibe einfach weiter.

Jetzt geht es darum, deine Ziele, die du daraus ableitest, so konkret wie möglich zu formulieren:
- Beginne, aus dem Bauch heraus und aus der Sicht deines zukünftigen Ichs zu schreiben, als würdest du es gerade erleben. Wieder sind die Größe und Beschreibung des einzelnen Ziels so individuell wie wir es sind.
- Welche deiner Charakterstärken kannst du für jedes Ziel nutzen und wie? Welche Charakterstärke kannst du weiter ausbauen, die bei einem oder mehreren Zielen hilfreich wäre? Nicht nur unsere Signaturstärken helfen uns dabei, sondern auch Ressourcen wie die Lebenslinie (siehe Seite 104), also der Blick auf all das, was wir bereits gemeistert haben.

Durch regelmäßige Wiederholung dieser Übung stärkst du die Verbindung zwischen deiner Vorstellung und deinem Unterbewusstsein. So kann das Bild im Geist verankert werden.

Annäherungs- und Vermeidungsziele

Die Absicht, die hinter unserem Verhalten liegt, hat Auswirkungen auf unsere Motivation: Streben wir ein Ergebnis an, das dazu dient, negative Konsequenzen zu verhindern, oder streben wir ein Ergebnis an, das positive Folgen hat? Die angestrebten Ausrichtungen lassen sich jeweils in Vermeidungsziele und Annäherungsziele unterteilen: Bei der Vermeidung geht es um die Minimierung bedürfnisverletzender Erfahrungen und bei der Annäherung um die Maximierung bedürfnisbefriedigender Erfahrungen. Beides steht im Zusammenhang mit unseren Grundbedürfnissen. Selbst wenn beide Grundmotivationen gleichzeitig in uns aktiv sind, können sie unterschiedlich stark ausgeprägt sein.

Tom beispielsweise möchte gern abnehmen, weil er sich in letzter Zeit unwohl in seinem Körper fühlt. Ein Vermeidungsziel ist es, keine ungesunden Lebensmittel mehr zu essen und sich von zuckerhaltigen Getränken fernzuhalten. Er möchte ungesunde Essgewohnheiten vermeiden und eine Gewichtszunahme stoppen. Es ist ein negatives Ziel, das darauf abzielt, etwas zu verhindern oder zu vermeiden, um eine Veränderung zu bewirken. Ein Annäherungsziel würde lauten: Tom möchte sich gern gesünder ernähren und seine Ernährung umstellen, um sich in seinem Körper wohlzufühlen. Tom bewegt sich hier in seiner Zielsetzung zu etwas hin.

Genauso geht es uns vielleicht, wenn wir in einem Restaurant sind und uns etwas besonders gut schmeckt. Wir wollen den Genuss und die Geselligkeit (Annäherung), gleichzeitig halten wir uns ab einem bestimmten Punkt zurück, um nicht gierig oder unkontrolliert zu wirken (Vermeidung). Oder der Hausputz: Machen wir sauber, damit es nicht dreckig ist, und wollen so vermeiden, uns unwohl zu fühlen? Oder putzen wir das Haus, damit wir es schön sauber haben, um uns wohlzufühlen?

Hemmungen und Blockaden

Haben wir sehr viele verletzende Erfahrungen gemacht und ein statisches Selbstbild, neigen wir zu Vermeidungszielen. Der Schutz unseres Selbst steht an erster Stelle, die Realisierung bestimmter Annäherungsziele ohne gleichzeitige Verletzung der Vermeidungsziele ist nicht mehr möglich. Beide Motivationen blockieren sich gegenseitig, und wir werden unzufrieden, weil keine Strategie zufriedenstellend aufgeht: Unsere realen Wahrnehmungen (Ziele) stimmen nicht überein mit dem, was wir beabsichtigen. In der Konsistenztheorie wird das als Inkongruenz bezeichnet. Vielleicht kennst du das, dass du dir etwas so sehr wünschst, aber gleichzeitig nicht aktiv werden kannst aus Angst, es nicht zu schaffen oder Ablehnung zu erfahren? Dann sind Annäherungs- und Vermeidungsziele in Konflikt geraten, und es entstehen unangenehme Emotionen. Du möchtest beispielsweise unbedingt zum Yoga gehen, aber gleichzeitig schämst du dich so sehr für deinen Körper, dass du nicht hingehen magst. Am Ende bleibe ich zu Hause, es erfolgt keine Handlung.

Weg von ...

Setzen wir uns Vermeidungsziele, wollen wir für den Schutz unserer Grundbedürfnisse sorgen, um keine Bedrohung, Verletzung oder Herabwürdigung zu erfahren. Typische Formulierungen wie »Ich möchte keinen Stress mehr« oder »Ich möchte mich nicht mehr schlecht fühlen« weisen auf Vermeidungsziele hin. Wir nehmen uns vor, etwas nicht mehr oder weniger zu tun oder zu sein. Wie unsere Sprache dabei Einfluss auf uns nimmt, zeigt sich daran, wie wir sie in Übungen nutzen, in denen wir visualisieren, was wir uns wünschen. »Ich sehe mich am Strand sitzen und vor mir das Meer.« »Ich sitze in meinem Lieblingscafé und trinke einen Kaffee.« Bei allem, was wir uns vornehmen, entstehen Bilder, die uns bereits in die jeweiligen Situationen versetzen. Das Problem bei Vermeidungszielen ist, dass unser Gehirn keine Verneinungen in der Entwicklung von inneren Bildern kennt. Stelle dir jetzt vor, wie du nicht auf der Treppe stolperst. Es funktioniert nicht. Du siehst dich auf der Treppe stolpern. Stelle dir jetzt vor, wie du morgen früh nicht total müde aus dem Bett steigst. Selbst wenn die Aussage an sich verlockend ist, flackert schon das Bild in dir auf, wie du gähnend die Bettdecke zurückschlägst. Vermeidungsziele werden durch ihre Ausrichtung als weniger wichtig erachtet, was es uns schwerer macht, sie zu erreichen. Und sie gehen mit einem geringeren Wohlbefinden einher.

Typische Vermeidungsziele sind: Alleinsein und Trennung, Geringschätzung, Erniedrigung und Blamage, Vorwürfe und Kritik, Abhängigkeit und Autonomieverlust, Spannungen mit anderen, sich verletzbar machen, Hilflosigkeit und Ohnmacht, Versagen.

Vor allem das statische Selbstbild verfolgt eher Vermeidungsziele.

… oder hin zu

Annäherungsziele wollen sich auf etwas zu bewegen. Sie dienen dazu, unsere Grundbedürfnisse zu befriedigen, und lassen sich auf drei verschiedene Arten unterscheiden:

1. Ein gewünschter Zustand soll zum ersten Mal erreicht werden.
2. Ein gewünschter Zustand soll aufrechterhalten werden.
3. Ein gewünschter Zustand soll weiter ausgebaut werden.

Wie bereits erwähnt: Annäherungsziele führen mit größerer Wahrscheinlichkeit zum Erreichen der Ziele und damit zu mehr Wohlbefinden als Vermeidungsziele.

Typische Annäherungsziele sind: Intimität und Bindung, Geselligkeit, anderen helfen, Hilfe bekommen, Anerkennung und Wertschätzung, Überlegensein und Imponieren, Autonomie, Leistung, Kontrolle haben, Bildung und Verstehen, Glauben und Sinn, das Leben auskosten, Selbstvertrauen und Selbstwert, Selbstbelohnung

Nach den Sternen greifen

Der US-amerikanische Organisationspsychologe Kim Cameron entwickelte ein Modell der Zielsetzung, dessen Effekte weit über der Norm gewöhnlicher Ziele liegen. Er fand heraus, dass vor allem die Art der Zielsetzung entscheidend ist: Ziele stellen nicht nur die Lösung eines Problems dar, sondern sollten vor allem groß und umfassend gedacht werden– visionär. Bedeutsam für ihre Verwirklichung ist die Verknüpfung mit besonders positiven Emotionen. Damit sei sichergestellt, dass schon der Weg zu unserer Vision als sinnstiftend empfunden wird. Diese Ziele nennen sich »Everest Ziele«, inspiriert von Bergsteigern, deren ultimatives Ziel der Gipfel des Mount Everest ist. Es wird deutlich, dass es sich um große Ziele handelt, die das Beste aus uns herausholen sollen, sodass wir über unsere Grenzen hinauswachsen. Dabei geht es vor allem darum, die Inspiration durch den entstandenen Raum zu nutzen und daran zu wachsen. Ganz nach dem fälschlicherweise Friedrich Nietzsche zugeschriebenen Zitat (Ursprung unbekannt): »Ziele nach dem Mond. Selbst wenn du ihn verfehlst, wirst du zwischen den Sternen landen.«

Everest-Ziele lassen sich in fünf Aspekte unterteilen:

Positive Abweichung

Greife nach den Sternen. Was wäre das Ziel, das für dich in seiner Bedeutung über allen anderen steht? Was würde dich maximal inspirieren und weit über deine bisherigen Überlegungen hinausgehen?

Eigenwert

Empfindest du bei deinem Ziel eine intrinsische Motivation, also eigenen Antrieb, weil es einen höheren Wert verfolgt? Es dient also nicht nur dazu, Macht, Reichtum oder Anerkennung zu erlangen?

Potenzialverwirklichung

Dein Ziel erfordert den Einsatz deines Potenzials und deiner Stärken. Dabei geht es nicht darum, ein Problem zu lösen, sondern vor allem, dich zu fordern und zu fördern.

Energetisierung

Dein Ziel wirkt so motivierend, dass es dir gleichzeitig Freude macht und Kraft schenkt, daran zu arbeiten.

Beitrag

Dein Ziel stellt einen Beitrag zu etwas Größerem dar und umfasst damit einen Nutzen für andere. Indem du einen Beitrag für das Allgemeinwohl leistest, profitieren andere davon.

Mithilfe deiner Auswertung aus der Meditation »Zukunfts-Ich« kannst du nun dein Everest Ziel definieren.

Mein Everest-Ziel

Formuliere hier dein Everest Ziel.
Greife nach den Sternen. Wie lautet deine Vision?

____

____

____

Warum ist dir das so wichtig? Welcher Wert liegt dahinter?

____

____

____

Wie kannst du deine Stärken dafür einsetzen und dabei wachsen?

____

____

____

Was macht dir Freude daran?

____

____

____

Wie profitieren andere davon?

Bei unserer Vision geht es darum, dass wir den richtigen Weg einschlagen, weil wir unser Ziel vor Augen haben. Dennoch fällt es vielen Menschen schwer, ihre festgelegten Ziele konsequent zu verfolgen. Das liegt daran, dass sie ihre Ziele nicht systematisch planen. Wenn wir uns Veränderungen wünschen, müssen wir diese aktiv herbeiführen. Das fängt durch innere Veränderung an, bei Überzeugungen und Grundhaltungen bis hin zur Entwicklung von Disziplin, Selbstwirksamkeit und Selbstkontrolle, um beispielsweise neue Gewohnheiten zu etablieren. Andere Methoden helfen, wichtige Fragen zu klären, um die Wahrscheinlichkeit zu erhöhen, dass die Ziele möglichst machbar und spezifisch formuliert sind.

Ziele planbar gestalten

Besonders bekannt ist die SMART-Methode, deren Konzept der US-amerikanische Ökonom Peter F. Drucker vor allem für die moderne Managementlehre entwickelte. Wenn wir leicht zu strukturierende Veränderungen wünschen und bestimmte Ziele konkretisieren wollen, können wir diese Technik nutzen. Falls du mit der SMART-Methode deine Lebensvision planen willst, rate ich dir davon ab, weil dieses Thema dafür zu komplex ist. Die Methode ist besser dafür geeignet, konkrete, zeitlich begrenzte und messbare Ziele zu strukturieren. Überlege am besten im Vorfeld, welche einzelnen Schritte du für notwendig hältst, und setze dir machbare Zwischenziele.

Das Akronym SMART besteht aus den Anfangsbuchstaben der folgenden Begriffe:

S: Spezifisch: Das Ziel sollte spezifisch, also klar und einfach definiert werden.

M: Messbar: Das Ziel sollte messbar formuliert sein. Woran erkennst du, dass du dein Ziel erreicht hast?

A: Attraktiv: Das Ziel sollte beantworten, warum du es erreichen möchtest. Welche Motivation steht hinter dem Ziel? Was erhoffst du dir dadurch? Welches Gefühl ist damit verbunden?

R: Realistisch: Das Ziel sollte realistisch sein, damit du motiviert bist zu handeln. Jedes Ziel erfordert mehrere Schritte. Was realistisch ist, sagt dein Gefühl. Es sollte herausfordernd und motivierend sein.

T: Terminierbar: Das Ziel sollte einen konkreten zeitlichen Endpunkt haben. So kannst du dich innerhalb des gesteckten Rahmens bewegen und zielgerichtet handeln.

Ein Beispiel für ein allgemeines Ziel, das aber noch kein SMART-Ziel ist: »Ich möchte mehr Sport machen, um mich besser zu fühlen.«

Konkreter und detailliert wird es zum SMART-Ziel – und viel leichter umzusetzen:

S: Ich möchte zweimal die Woche für 45 Minuten schwimmen gehen.

M: Ich kaufe mir eine Monatskarte fürs Schwimmbad und möchte nach drei Monaten schauen, ob ich es in meinen Alltag integrieren kann.

A: Ich liebe das Wasser und fühlte mich immer gut, wenn ich mal schwimmen war. Ich merke, dass die Zeit ohne Ablenkung und in fließender und rhythmischer Bewegung mir Ruhe und Klarheit bringt.

R: Ich kann an zwei Tagen pro Woche im Home-Office arbeiten und werde morgens die Zeit nutzen, die ich durch die Fahrt zur Arbeit spare, um ins Schwimmbad zu gehen. 45 Minuten sind machbar und ich kann mich steigern, wenn ich merke, dass ich mehr Kraft habe. Ich werde in vier Wochen noch mal überprüfen, ob ich 60 Minuten schaffe. Meinen Badeanzug lege ich mir jetzt raus und packe meine Tasche.

T: Ab der kommenden Woche gehe ich jeden Montag und Donnerstag für 45 Minuten bis zum 1. Juni schwimmen.

Ein weiteres Beispiel für ein Nicht-SMART Ziel: »Ich möchte meine Ziele herausfinden, damit ich weiß, was ich tun soll.«

Ein Beispiel für ein SMART-Ziel:

S: Ich möchte ein Lebensziel für mich definieren, um es verfolgen zu können.

M: Ich kaufe mir ein Notizbuch, in dem ich die Übung zum expressiven Schreiben mache, um meinen inneren Wünschen und Gedanken näherzukommen. So kann ich sehen, welche Entwicklung ich gemacht habe und welche Erkenntnisse ich gewonnen habe.

A: Mir ist es wichtig, endlich meine Ziele zu kennen und sie zu verfolgen, weil ich weiß, dass der Weg dorthin mich erfüllt und ich so meine Stärken einsetzen kann. Ich habe das Gefühl, dass es das ist, was mich glücklich machen wird, und dass ich nun das Vertrauen in mich entwickelt habe, es anzugehen.

R: Für die Übung kann ich mir jeden Abend 15 Minuten Zeit nehmen, bevor ich ins Bett gehe. Dann habe ich die Ruhe, mich damit zu beschäftigen. Wenn ich das Gefühl habe, dass mir jemand Außenstehender helfen könnte, werde ich ein Gespräch suchen.

T: Ab heute beginne ich um 22 Uhr mit dem Schreiben und erstelle mir dafür für die nächsten sechs Wochen eine Erinnerung. In der Zeit schalte ich mein Handy in den Flugmodus und lege es in den Flur, um nicht gestört zu werden. In sechs Wochen, am 15. September, werde ich eine Auswertung vornehmen, meine Ziele definieren und erneut die SMART-Methode nutzen, um sie zu verfolgen.

Hast du gesehen, wie sich mit SMART recht einfach aus einer schwammigen Idee ein sehr konkretes, umsetzbares Ziel entwickelt? Du hast in den letzten Übungen bereits einige Ziele erarbeitet. Schau, ob du sie mit dieser Technik noch ein wenig mehr in die Realität holen kannst. Bis zur Verwirklichung ist es dann nur noch ein Schritt. Ich glaube vor allem an die Kraft der inneren Vorstellung, die uns so berührt, dass sie uns als Antrieb und Wegweiser dient.

Ziele können angepasst werden

In einer Gesellschaft, in der Scheitern ein Tabu ist und Dinge beim ersten Versuch durchschlagenden Erfolg haben müssen, steigt der Druck immens. Lieber setzen wir uns der Kritik nicht aus und verschließen Augen und Herz vor unseren innersten Wünschen und Ideen. Von Marc Aurel stammt das Zitat: »Nicht den Tod sollte man fürchten, sondern dass man nie beginnen wird zu leben.« Wo bleibt unsere Angst, etwas zu verpassen, wenn wir sie brauchen? Wenn es darum geht, Ja zu uns zu sagen? Welches Wagnis ist es, nichts zu wagen? Welche Entscheidung ist es, die wir treffen, wenn wir alles beim Alten lassen? Wird es am Ende leichter sein zu wissen, dass wir es nicht versucht haben? Was war es, von dem wir glaubten, wir müssten es erreichen, oder es sollte genauso eintreffen, wie einst von uns gewünscht? Welche Vorstellung von unserem Leben haben wir in uns unverändert festgelegt und nie aktualisiert? Was meldet sich immer noch in unserem Inneren als »Eigentlich wolltest du doch das«?

Nicht nur die äußeren Umstände unterliegen ihrer Dynamik, sondern auch wir. Ich glaube, wir alle bewahren noch Vorstellungen, die wir vom Leben hatten, die aber nicht mehr mit unseren heutigen Zielen übereinstimmen. Es erfordert Mut und Selbstreflexion, sich einzugestehen, dass sich Lebensumstände, Prioritäten und Werte im Laufe der Zeit ändern können. Wenn wir es versäumen, unsere Ziele, Vorstellungen, Erwartungen und Wünsche mit uns wachsen zu lassen, indem wir sie reflektieren, minimieren oder verändern, können sie noch jahrelang an uns nagen und vor allem zu Frustration und Unzufriedenheit führen.

Schau dir einmal folgendes Beispiel an:

Anna hatte seit ihrer Jugend den Wunsch, Ärztin zu werden, und arbeitete hart, um dieses Ziel zu erreichen. Sie absolvierte erfolgreich ihr Medizinstudium und begann ihre Karriere als Ärztin in einem Krankenhaus. Ihr Ziel war es, sich in ihrer Fachrichtung zu spezialisieren und eine hohe Position in der medizinischen Hierarchie zu erreichen. Doch nach einigen Jahren in der medizinischen Praxis und mit der Übernahme größerer Verantwortung begann Anna zu spüren, dass die intensive Arbeitsbelastung für sie immensen Stress bedeutete. Sie fühlte sich ausgelaugt, und die Begeisterung an ihrer Arbeit schwand. Gleichzeitig entstand in ihr der Wunsch, Menschen in benachteiligten Regionen Zugang zur Gesundheitsversorgung zu ermöglichen. Anna hatte erkannt, dass ihre ursprünglichen Ziele nicht mehr mit ihren Werten und Leidenschaften übereinstimmten. Nach ein paar weiteren Monaten beschloss sie, sich beruflich in Richtung öffentliche Gesundheitsarbeit und gemeinnützige Projekte zu orientieren.

Sind deine Ziele noch aktuell?

Überlege dir, ob du an einem Ziel festhältst, das dich nicht mehr begeistert. Frage dich und schreibe dir deine Antworten gern auf:

Entsprechen meine Ziele noch meinen Werten und Visionen?

Erfüllen meine Ziele mich mit Freude und Erfüllung?

Welche neuen Ziele oder Prioritäten möchte ich in meinem Leben setzen?

Welche Schritte kann ich unternehmen, um meine Ziele der jetzigen Situation und den aktuellen Bedürfnissen anzupassen?

Die Kraft der Geschichten anderer

Andere Menschen, die mit ihrer Art, zu leben und zu denken, unseren Horizont erweitern, können uns ebenso als Modell oder als Inspiration dienen. Aber ihre Geschichten können uns auf den falschen Pfad leiten: Wir fürchten angesichts vermeintlicher Perfektion anderer, nicht genug zu sein, was unser Aussehen, unsere Leistung, unsere Art zu leben betrifft – unser ganzes Sein. In dem Kapitel, in dem es um den Ursprung unseres Selbstbildes geht (ab Seite 62), beschäftigten wir uns damit, woher eine solche Annahme kommt und wie sie unser Erwachsenenleben beeinflusst. Wir lassen uns von den Vorstellungen anderer, unserer Eltern, Freunde, der Kultur, über das »Richtigsein« steuern. Wir ersticken unsere Träume, weil wir glauben, wir hätten sie nicht verdient. Die Liste an Dingen, die uns fehlen, ist lang, die mit den Befürchtungen, was andere von uns denken könnten, noch länger. Wir glauben, die Welt hält uns klein, und doch sind wir es selbst. In unserer Kultur ist es erstrebenswerter, außergewöhnlich viel Macht, Erfolg, Geld oder Ruhm zu besitzen, als freundlich zu sein. Vollkommenheit, der perfekt handelnde Mensch, der sich als besonders oder überdurchschnittlich erweist, bleibt unerreichbar. Auch wenn es Bereiche gibt, in denen wir besonders gut sind, wird es jemanden geben, der besser ist. Was macht das Wissen, dass das Ziel nie zu erreichen ist, mit unserem Selbstbild? Und wichtiger: Wie können wir uns von den Geschichten anderer inspirieren lassen, ohne uns selbst abzuwerten?

Braucht Liebe einen Grund?

Wie viele Menschen in unserem Leben lieben wir allein aufgrund ihres Status, weil sie so umwerfend aussehen oder weil sie so viel arbeiten? Niemanden! Wir lieben die, die warmherzig sind, uns zuhören, uns verstehen, mit denen wir ähnliche Werte teilen. Menschen, die leidenschaftlich sind, die lieben, was sie tun, und die uns aufrichtig erscheinen. Wir sympathisieren mit denen, die fest entschlossen sind und doch Unsicherheiten zeigen, aber deren Wünsche und Mut größer sind. Wir brauchen Menschen, die zu sich stehen und nicht versuchen, anders oder cool zu sein, weil wir von ihnen lernen können. Als wir über unseren Selbstwert sprachen, ging es auch darum, einen bedingungslosen Selbstwert zu erreichen, wobei uns ein dynamisches Selbstbild hilft. Wir können uns von den Bewertungen anderer lösen und von dem, was sie an uns oder unserem Leben für richtig oder falsch halten. Wir sind gnädiger mit uns und verändern unsere Sichtweise auf das Leben. Ein Leben, in dem du dir und anderen zugewandt, förderlich und mitfühlend entgegentrittst, ist ungemein entspannt. Weder musst du dich über andere erheben, noch fühlst du dich in deiner Größe begrenzt oder bedroht. Solltest du in alte Muster verfallen, denke daran, dass es bereits ein Erfolg ist, sich dessen mehr und mehr bewusst zu werden. Es gibt unzählige Chancen, weiter zu wachsen. Solltest du das Gefühl haben, dass professionelle Unterstützung notwendig ist, zögere nicht, dir diese zu suchen.

Etwas zu tun, um einen Mangel auszugleichen, führt uns von uns selbst weg. Doch können wir von etwas oder jemandem so inspiriert werden, sodass wir unbefangen aus uns selbst schöpfen und uns entwickeln können.

Manche Geschichten, Personen oder nur Anteile eines Menschen dienen uns als Inspiration. Sie eröffnen in uns Räume und Möglichkeiten. Sie haben die Kraft, Motivation in uns zu wecken. Sie helfen uns, unsere Stärken zu aktivieren und Grenzen zu sprengen. Es kann ein Lebensweg, eine Eigenschaft, Fähigkeit oder eine einzige Handlung sein. Manchmal ist es ein Zitat, ein Buch oder ein Film. Besonders die Menschen, die Hindernisse überwinden oder die sich gegen alle Schwierigkeiten durchkämpfen, inspirieren uns. Diejenigen, die hinfallen und wieder aufstehen. Diejenigen, die ihre kleinen und großen Träume so lange verfolgt haben, bis sie am Ziel angekommen sind. Sie lassen uns hoffen und stärken unseren Mut. In der folgenden Übung gehst du auf die Suche nach Inspiration.

Inspiration

Überlege dir, wer dich inspiriert. Das kann ein Mensch sein, den du kennst, aus deinem näheren Umfeld, aber genauso eine öffentliche Person, ein Film- oder ein Buchcharakter.

- Analysiere, was dich beeindruckt und welche Verhaltensweisen es genau sind, die diese Person ausmachen: Was fällt

dir auf? Wie fühlst du dich damit und wie wirkt es in deinem Inneren?
- Dann überlege, was du von diesem Menschen lernen kannst. Ist es seine Sichtweise auf sich selbst und wie er die Dinge angeht? Gibt es eine Fähigkeit, die du gern entwickeln möchtest? Es kann eine Charakterstärke sein, der du dich mehr widmen möchtest und die du ausbauen kannst.
- Was erfährst du dadurch über dich?
- Visualisiere dich mit der Eigenschaft, Fähigkeit oder inneren Einstellung. Stelle dir vor, wie du deinen Traum erreichst und wie er sich anfühlt. Ist es das, was du möchtest?
- Wie kannst du diese Erkenntnis in dein Leben übertragen? Kannst du vielleicht ein Ziel formulieren?
- Was hilft dir dabei? Kannst du vielleicht Techniken aus den letzten Kapiteln dabei anwenden?

Um ein erfülltes Leben zu führen, brauchen wir einen realistischen, aber liebevollen Blick auf uns und die Welt. Dazu gehört, die eigene Geschichte anzunehmen und die Funken unserer Stärke in uns zu erkennen. Diese ziehen sich durch jeden einzelnen Tag, tragen unsere Beziehungen und schenken uns Kraft. Wir brauchen Menschen, die uns unterstützen und inspirieren. Mehr als alles andere brauchen wir das Gefühl, geliebt zu werden und lieben zu können. Neben all dem bleibt es eine Herausforderung, das Leben in vollen Zügen zu genießen, Freude und Dankbarkeit zu entwickeln – und so das Glück im gegenwärtigen Moment zu finden. Da, wo alles ist.

Savouring: Das Leben genießen

Die Süße des Lebens

Savouring heißt »genießen«, und in unserem Zusammenhang will ich dich ermuntern, die Süße des Lebens mit allen Sinnen zu genießen sowie Freude und Vergnügen wahrzunehmen, darin zu baden und es auszukosten. Savouring verbindet uns mit unseren Sinnen und Wahrnehmungen. Es ist der Ruf des Lebens in uns, unsere Intuition, die Idee des Schönen, kleine Tagträume, die unser Herz erwärmen und unsere Augen leuchten lassen. Alle Wünsche und Hoffnungen, die noch ganz unberührt vor uns liegen.

Mit der Fähigkeit, positive Erfahrungen im Leben zu genießen und auszukosten, erhöhen wir die Wahrscheinlichkeit, ein reicheres und angenehmeres Leben zu führen. Fred Bryant, ein Sozialpsychologe, der sich besonders mit der Forschung über Savouring beschäftigt hat, beschreibt Genuss als den Prozess, in dem sich Menschen engagieren, »um die positiven Erfahrungen in ihrem Leben zu beachten, zu schätzen und zu verbessern«. So soll es dazu führen, dass wir positive Emotionen verstärken und damit unsere Resilienz, unsere Widerstandskraft, fördern. »Es war nur ein sonniges Lächeln, und wenig kostete es, es zu geben, aber wie das Morgenlicht zerstreute es die Nacht und machte den Tag lebenswert«, sagte Francis Scott Fitzgerald und beschreibt damit, dass es die kleinen Dinge sind, die das Leben ausmachen, die uns berühren und die unsere Aufmerksamkeit verdienen.

In dem Zusammenhang möchte ich dir das Gegenteil eines Triggers vorstellen. Du erinnerst dich: Trigger ist ein Reiz, der bei einem Menschen bewusste oder unbewusste Erinnerungen an ein erlebtes Trauma auslöst. Wie bereits erwähnt, reagiert das Nervensystem bei vermeintlicher Bedrohung oder Gefahr mit Stress, um unseren Körper in den Flucht- oder Kampfmodus zu versetzen. Aber es gibt dazu einen Gegenpart, die sogenannten Glimmer. Sie wirken ebenso als Reiz auf das Nervensystem, aber nicht aufregend oder alarmierend, sondern regulierend. Es ist so möglich, Mikromomente der Erdung und Verbundenheit anzuzapfen. In einer Welt voller Überreizung sind Glimmer die kleinen Regler unseres überforderten Nervensystems.

Wenn wir uns der Momente bewusst sind, die uns diese Glimmer bescheren, können wir sie aktiv in unser Leben integrieren. Deb Dana ist Klinikerin und Beraterin, spezialisiert auf die Arbeit mit komplexen Traumata. Sie hat den Begriff »Glimmer« populär gemacht und empfiehlt, dass gezielt nach Glimmer-Erfahrungen gesucht werden sollte, da wir sie im Alltag häufig übersehen. Wie bereits beschrieben, sind Negativitätsneigungen menschlich und der Grund, warum wir positive Erfahrungen oft nicht so tief empfinden und erinnern.

Das Gefühl des Glimmers kann sich im Körper warm anfühlen, es kann unseren Brustkorb weit werden lassen oder sich als Lächeln im Gesicht zeigen. Es ist ein Wohlgefühl, tiefe Zufriedenheit, das sich beispielsweise durch das Spüren der Sonne auf der Haut oder die Umarmung einer geliebten Person in uns ausbreitet. Um eine Glimmer-Erfahrung für dich ausfindig zu machen, achte auf das Gefühl der Energetisierung in deinem Körper, auf ein Gefühl der Freude, Verbundenheit oder Sicherheit. Sobald du einen Glimmer ausfindig machen konntest, solltest du dir einen Moment Zeit nehmen, um dir bewusst darüber zu werden. Wenn möglich, versuche 30 Sekunden oder länger mit der Aufmerksamkeit bei diesem Gefühl zu bleiben.

Savouring auf allen Zeitebenen

Nicht nur im gerade stattfindenden Moment können wir bewusst genießen, sondern auch durch die Erinnerung an Vergangenes oder Zukünftiges. Durch das Aufrufen schöner, erlebter und kommender Erfahrungen spüren wir Freude und sind so in der Lage, Genuss auf verschiedenen Zeitebenen zu erleben.

In der Vergangenheit als positive Erinnerung. Wir denken an den Besuch eines Konzertes, spüren die Vibrationen der Musik, die Atmosphäre und erleben die positiven Gefühle erneut. Zu den zehn positiven Emotionen gehören Dankbarkeit, Freude, Zufriedenheit, Interesse, Hoffnung, Stolz, Vergnügen, Inspiration, Ehrfurcht, Liebe. Die Psychologin Barbara Fredrickson geht davon aus, dass die Häufigkeit und Regelmäßigkeit positiver Gefühle dafür sorgen, dass unser Gehirn neue neuronale Verknüpfungen bildet. Wir lernen so, den Weg des Erlebens positiver Gefühle zu festigen, die wiederum wichtig für unsere psychische Gesundheit sind.

In der Gegenwart, in dem bewussten Erleben des gerade stattfindenden Genusses.

In der Zukunft, als empfundene Vorfreude. »Vorfreude ist die schönste Freude.« Durch das Vorstellen eines in der Zukunft liegenden Momentes können wir Freude empfinden, ohne sie tatsächlich erlebt zu haben. Und manches Mal kann die Vorfreude noch schöner sein als der Moment selbst, weil in unserer Vorstellung die Erwartungen und unsere Hoffnung nicht enttäuscht werden. Unser Gehirn ermöglicht uns, aus unseren Erinnerungen über unsere Sinne tatsächliche Bilder vor dem inneren Auge entstehen zu lassen, den Geschmack unseres Lieblingsessens zu schmecken oder das Rauschen der Wellen zu hören.

Außerdem unterscheidet der Savouring-Entwickler Fred Bryant, ob Genuss eher kognitiv oder emotional erlebt und im Inneren oder im Außen wahrgenommen wird. Genuss in Form von Dankbarkeit, wie beispielsweise beim Schreiben eines Dankbarkeitstagebuches, ist auf das Außen bezogen. So sind wir jemandem oder einer Möglichkeit dankbar und formulieren es durch den sprachlichen Ausdruck. Anders sieht es beim Erleben von Genuss während einer Massage aus. Diese wird eher emotional und im Inneren erlebt, ohne in dem Moment einen sprachlichen Ausdruck zu finden.

Dazu habe ich eine kleine Übung für dich, die sich gut in den Alltag integrieren lässt.

Genuss erleben

Nimm dir Stift, Papier oder ein Notizbuch. Gönn dir vor allem genug Zeit, bei jeder der Fragen zu spüren, ob der Schwerpunkt deiner Wahrnehmung im Innen oder Außen liegt.

- **Dankbarkeit für das Erlebte oder Empfundene entwickeln.** Beispiel: Für eine Möglichkeit, die Unterstützung einer Person, für etwas, das ich erhalten habe. Frage: Wofür bin ich dankbar?
- **Stolz erzeugen, indem wir uns selbst beglückwünschen oder anerkennen.** Beispiel: Was erreicht wurde, was ich geschafft habe, was bewältigt wurde. Frage: Worauf bin ich stolz?
- **An etwas Schönes zurückdenken.** Beispiel: Etwas worüber ich staunte, wofür ich Bewunderung empfand. Frage: Was ist ein kleines Wunder, das ich erlebt habe?
- **Konzentration auf die körperlichen Empfindungen während eines angenehmen Erlebnisses.** Beispiel: Eine Berührung. Frage: Was hat mich entspannt oder wem habe ich etwas Gutes getan? Wie fühlt sich das in meinem Inneren an?

Möchtest du zukünftig mehr positive Emotionen entwickeln, dann achte auf deine innere Haltung. Ob du Vergangenheit, Gegenwart und Zukunft eher negativ (-) oder positiv (+) bewertest, kann deine Fähigkeit des Savourings stärken oder begrenzen. Die folgenden Beispiele verdeutlichen das:

- Vergangenheit:
  – Was vergangen ist, ist vergangen. Die Erinnerung an eine schöne Zeit bedrückt mich, macht mich heute traurig.
  + Ich erfreue mich an dem, was ich erlebt habe, und denke gern an schöne Zeiten zurück.

- Gegenwart:
  – Ich vergleiche während des Erlebens und kann das Gefühl nicht zulassen.

+ Ich nehme den Moment in mich auf und genieße das Jetzt. Schöne Erfahrungen stärken mich und geben mir Kraft.

- Zukunft:
  – Ich denke daran, was alles schiefgehen kann, und lasse das Gefühl der Vorfreude nicht zu.
  + Ich freue mich im Voraus und gehe von einem positiven Erlebnis aus.

Vor einigen Jahren habe ich angefangen, mir eine Liste von allem anzulegen, was mich glücklich macht. Ich erweitere sie stetig und empfehle es ebenso gerne den Menschen, mit denen ich arbeite. Immer wenn ich feststelle, dass mir etwas guttut und mich glücklich macht, schreibe ich es auf. Die Liste wächst also mit der Zeit. Manchmal suche ich mir etwas Besonderes daraus aus und zelebriere die Vorfreude. Andere Dinge genieße ich täglich:

Poesie, in meinem Lieblingscafé sitzen und alle Geräusche zu einer Melodie werden lassen, Ordnung in mir und um mich herum schaffen, Wald und Wiesen, Saunabesuche oder Wellness, die Wärme der Sonne auf der Haut, lange Autofahrten, tiefe Gespräche, singen, klassische Musik, für andere backen, unaufgeregte und erdige Gerüche, Gärten, Leinen und Kaschmir, Philosophie, Interview-Podcasts hören, die Lieblingsplaylist, wie das Sonnenlicht im Wald zwischen die Bäume schießt, nach Hause kommen, einen Brief für jemanden schreiben, sich an den Händen halten, träumen, die exakten Worte zu finden, um meine Gefühle zu beschreiben, etwas Neues zu lernen, Design-Magazine, durch eine unbekannte Stadt schlendern, beobachten, wie Milchschaum und Kaffee sich verbinden und miteinander tanzen, Augen, die leuchten beim Erzählen, Kekse backen mit Oma und feststellen, wie ähnlich wir uns sind, die Abendsonne auf den Feldern, vor Lachen weinen, Klassik in der Elbphilharmonie, Vogelgesang, während alle noch schlafen, ein ganz bestimmtes Parfum.

Mit der nächsten Übung, angelehnt an den Coaching-Impuls »Mini-Urlaub« von Daniela Blickhan, kannst du das ausprobieren.

Genieße den Moment

Du brauchst Stift und Papier oder dein Notizbuch. Versuche darauf zu achten, dass du die Liste fortführen und dir wieder vorlegen kannst. Vielleicht bietet es sich an, ein loses Papier zu nehmen, es vorn in dein Notizbuch zu legen und in deine Notizen auf dem Handy zu übertragen. Du kannst dir deine Liste in Sichtweite aufhängen, am Kühlschrank oder in der Nähe deines Computers. Das habe ich mit meiner Liste (siehe linke Seite) gemacht.

Lege eine Liste mit Aktivitäten und Dingen an, die dich glücklich machen. Versuche 20 Aktivitäten zu finden, die ganz unterschiedlich sind und in ihrer Dauer variieren. Einfache und unkomplizierte Sachen, die du sofort umsetzen kannst, und solche, die zunächst geplant werden müssen und in der Zukunft liegen. Dinge, die du allein machen kannst, und Dinge, die du gern mit anderen unternimmst.

Sobald du deine Liste fertiggestellt hast, überlege dir, wie du noch heute eine Aktivität davon umsetzen kannst. Um Regelmäßigkeit zu kultivieren und ein Gefühl dafür zu bekommen, überlege dir, was du in den nächsten sieben Tagen davon unternehmen kannst, und trage es fest in deinen Kalender ein.

Es geht darum, die Momente zu genießen und auszukosten.

Nach einer Woche reflektiere: Was möchtest du übernehmen, ergänzen oder streichen? Um eine Gewohnheit zu entwickeln, hilft es, deinen Kalender weiterhin zu nutzen. Nach einigen Wochen wirst du feststellen, dass du automatisch an deine Genuss-Momente denkst.

Übrigens: Du kannst einen Ordner auf deinem Handy anlegen, auf dem du Bilder sammelst, die du gemacht hast, um alle deine Genuss-Momente oder Inspirationen visuell festzuhalten. Schon das Betrachten macht nachweislich glücklich.

Ein Spaziergang in der Natur ist wie eine Rückkehr nach Hause. Wir sind Natur, wie die Bäume in den Wäldern und die Fische im Meer. Die Natur bringt uns Ausgeglichenheit und hilft uns, besser in Kontakt mit uns selbst zu kommen, weil sie der schnellste Weg zurück zu uns ist. Das weiß auch die Positive Psychologie: Ein Savour-Walk, also ein Genuss-Spaziergang, lässt dich die vielen Facetten der Natur mit allen Sinnen aufsaugen: die ersten Sonnenstrahlen auf der Haut, das sanfte Rauschen des Waldes, den knirschenden Schnee bei einem Winterspaziergang, Blumen in voller Blüte, den prasselnden Regen auf der Erde, duftende Kräuter, ein Glitzermeer, den rosa-rot gefärbten Himmel am Abend, die Weite der Felder, das Licht, das durch die Blätter der Bäume tanzt. Egal wo du dich befindest, folgst du aufmerksam den Wundern der Natur und ihrer Widerstandsfähigkeit, wirst du überall Schönes entdecken können. Sei es in der Stadt, im Park oder weit draußen auf dem Land.

Savour-Walk: Genuss-Spaziergang

Nutze den Spaziergang, um so viele schöne Dinge wie möglich wahrzunehmen, und lasse alle deine Sinne einfließen. Stelle dir vor, du lenkst deine Aufmerksamkeit wie ein kleines Kind auf all die kleinen und großen Wunder dieser Welt, an denen du sonst vorbeiläufst.

- **Sehen:** Lasse deinen Blick wandern, bleibe stehen, beobachte und erforsche. Achte auf Details, Farben, Strukturen wie die einer Blüte, Baumrinde oder von Häuserwänden.
- **Riechen:** Der erdige Geruch des Waldes, das würzige Gras, duftende Blumen, salzige Meeresluft. Was kannst du riechen?
- **Hören:** Das Rauschen der Blätter in den Bäumen, der Gesang der Vögel, ein fließendes Gewässer, deine Schritte auf dem Laub oder leise Gespräche im Hintergrund - welche Töne und Geräusche kannst du genießen?
- **Berühren:** Blütenblätter wie Seide, grobe Baumrinde, glatter Stein, plüschige Weidenkätzchen. Was kannst du fühlen?

- **Schmecken:** Salzige Meeresluft, Brombeeren am Wegesrand, geschmolzener Schnee auf der Zunge - Schmecken unterwegs kann Spaß machen.

Wenn du magst, machst du ein paar Bilder für deinen Savour-Ordner oder schreibst anschließend auf, was dich besonders berührt hat oder wie du die Dinge wahrgenommen hast. Oder du ergänzt deine Liste.

Der Lebensbaum - Symbol für unser Selbstbild

Unser Selbstbild ist wie ein komplexes Kunstwerk, das aus unseren Erfahrungen, Gedanken und Gefühlen besteht. Es ist eine Mischung aus Stärken und Schwächen, Hoffnungen und Ängsten, Träumen und Realitäten. In diesem Buch haben wir uns auf eine Reise begeben, um unser Selbstbild zu erkunden und tiefer in unsere Geschichte einzutauchen. Wir haben erkannt, dass das Bild, das wir von uns selbst haben, nicht immer mit der Wahrheit übereinstimmt. Es ist geprägt von äußeren Einflüssen, Erwartungen der Gesellschaft und dem Vergleich mit anderen. »Der Lebensbaum« ist ein Symbol der Verbundenheit mit der Natur, der Weisheit und dem Wachstum. Er repräsentiert unsere Einzigartigkeit und er erinnert uns daran, dass wir in unserem Innersten vollständig sind, und ebenso an das, was uns nährt und stärkt.

Majestätisch und stark erinnert uns der Baum daran, dass auch wir in unserer Einzigartigkeit stehen und unseren Platz in der Welt haben. Dass wir tief verwurzelt sind und eine Verbindung zu den Wurzeln unserer Existenz haben. Sie repräsentieren unsere Geschichte, unsere Erfahrungen, unsere Herkunft und unsere Werte. Wurzeln geben uns Stabilität und ermöglichen es uns, in schwierigen Zeiten standhaft zu

bleiben. Sie erinnern uns daran, dass wir Teil von etwas Größerem sind. Die Zweige des Baumes, die sich zum Himmel strecken, symbolisieren unsere Träume, unsere Ziele und unsere innere Sehnsucht. Sie sind Ausdruck unserer Kreativität und unserer Fähigkeit, uns stetig weiterzuentwickeln. Wie der Baum wachsen auch wir, wenn wir den Mut haben, unsere Komfortzone zu verlassen, wenn wir unserer Leidenschaft folgen und uns erlauben, unsere Potenziale zu entfalten.

Die folgende Übung »Der Lebensbaum« ist eine ganzheitliche Betrachtung unseres Lebens. Sie zeigt, wie sehr unser Wohlbefinden von mehreren Faktoren beeinflusst wird. So wie ein Baum beispielsweise einen nährstoffreichen Boden braucht, der regelmäßig gewässert wird, brauchen wir stabile Beziehungen und Menschen um uns herum und Gegebenheiten, die uns mit Kraft versorgen. Welche deine persönlichen Ressourcen sind, kannst du in der folgenden Übung herausfinden und benennen.

Der Lebensbaum

Du brauchst Stift und Papier. Wenn du möchtest, kannst du farbige Stifte nehmen. Orientiere dich an der Abbildung und male einen Baum über das Blatt Papier.

1. Nährboden deines Baumes bilden deine individuellen Ressourcen. Es ist das, was dich stärkt und versorgt, damit du wachsen und blühen kannst. Dabei kann es sich um Freunde, PartnerIn, Beruf, Familie oder unterstützende Menschen handeln. Genauso kann es sein, dass du besondere Gegenstände oder Gegebenheiten als Ressource betrachtest, die dich stärken. Frage dich: Was hilft mir? Was gibt mir Kraft?
2. Die Wurzeln deines Baumes bilden deine Werte, Kultur und dein dein Glauben. Deine Werte definieren dich, bestimmen deine Prioritäten und nach welchen Prinzipien du lebst. Fest verwurzelt zu sein hilft dir, standfest zu bleiben und für die Dinge im Leben einzustehen, die dir wichtig sind. Je mehr du mit deinen Werten in Übereinstimmung lebst, desto zufriedener wirst du sein. Du weißt, wie du deine Ziele ausrichtest, und kennst den Wert dahinter. Frage dich: Was ist mir wichtig?
3. Der Stamm deines Baumes steht für deine Stärken. Für deine Werte einzustehen erfordert, Stärken zu aktivieren. Stelle sie dir wie einen Muskel vor, der mit jedem Training wächst. Deine Stärken werden stärker, indem du sie nutzt.

Stärken stellen einen festen Kern deiner Persönlichkeit dar. Der Stamm deines Lebensbaumes wird so dicker und kräftiger. Frage dich: Was macht mich aus? Woran habe ich Freude, und welche Aktivitäten geben mir Kraft? Übertrage hier gern deine Antworten aus der Übung auf Seite 154 ff.

4. Die Äste deines Baumes stehen für deine Ziele und Visionen der einzelnen Lebensbereiche (Familie, Arbeit, Liebe, Wohnen, persönliche Entwicklung, Freundschaften …, siehe Seite 181). Deine Werte und deine Stärken beeinflussen hier, wie deine Ziele gesteckt sind, und ermöglichen dir, sich für sie einzusetzen. Frage dich: Was möchte ich erreichen? Welche Vorstellung weckt Begeisterung in mir?
5. Die Zweige, Blätter oder Blüten repräsentieren spezifische Dinge, die sich aus den Oberkategorien der Lebensbereiche ergeben. Hier kannst du deine Ziele genau benennen: zum Beispiel beim Ast »Wohnen« den Zweig »einen Rosengarten, in dem ich Ruhe finden und auftanken kann«, oder beim Ast »persönliche Entwicklung« den Zweig »eine Ausbildung zur Yogalehrerin für Kinder absolvieren und eine Gruppe unterrichten«.

Wie der Baum verschiedene Jahreszeiten durchlebt, durchleben wir ebenfalls unterschiedliche Phasen. Wir werden nicht nur durch Sonnenschein und leichte Brisen geprägt, sondern müssen auch den Stürmen des Lebens standhalten. Dabei können die Herausforderungen, denen wir begegnen, starken Winden gleichen, die uns ins Wanken bringen. In diesen Momenten haben wir die Möglichkeit, unsere Wurzeln tiefer in die Erde zu schlagen und unsere innere Stärke zu entfalten. Wir können erkennen: Wir sind größer als die Schwierigkeiten, die uns im Weg stehen. Wie die Natur im Herbst ihre Blätter loslässt, dürfen wir uns von alten Überzeugungen, Selbstzweifeln und Ängsten befreien. Wir machen Platz für neue Erfahrungen und schaffen Raum für die Essenz, die in uns schlummert. Wie der Winter uns einlädt, Ruhe und

Besinnung zu finden, können wir reflektieren und innehalten. In dieser Stille lässt sich der innere Kompass neu ausrichten, und Visionen können klarer werden. Wir treten mit neuer Energie in den nächsten Zyklus des Wachstums ein. Und dann kommt der Frühling, die Zeit des Erwachens und des Neubeginns. Die ersten zarten Knospen brechen hervor. Wir können die Kraft des Wandels spüren, während wir uns aus der Dunkelheit erheben und dem Licht entgegenstreben. Es ist die Zeit, in der wir uns erinnern, wer wir wirklich sind. Unsere Stärken und Talente blühen auf, sodass wir im Sommer in voller Pracht erstrahlen. Wir fühlen uns lebendig, erfüllt und verbunden mit der Welt um uns herum.

Vom Ende zum Anfang

Der Psychoanalytiker Wilhelm Reich hat es so formuliert: »Wahres Leben bewegt sich nach vorn in unbekannte Bereiche.« Je mehr wir über unsere Stärken und Ressourcen wissen, desto mehr können wir darauf vertrauen, allem gewachsen zu sein, was sich im Unbekannten findet. Sich einem symbolischen Tod hinzugeben und unser Selbstbild zu hinterfragen, ist der Weg, Konditionierungen oder Ideen loszulassen, die wir über unsere Zukunft hatten, um uns in dem zu finden, was heute ist. Das Ziel ist kein endgültig festgelegtes, sondern es ist, uns mehr und mehr zu erlauben zu sein.

Du hast dich mit mir auf eine Reise begeben, dein Selbstbild zu ergründen, und weißt, dass es durch deine Erfahrungen und durch äußere Einflüsse geprägt ist und sich nicht unbedingt mit der Wahrheit deckt. Du weißt, dass dein Selbstbild wandelbar ist und dass du die Möglichkeit hast, alte Überzeugungen abzulegen und neue zu integrieren.

Ich glaube nicht, dass es dabei um das Finden, das Erreichen des Ganz- oder Heilwerdens unseres wahren Selbst geht, weil der Ausdruck vermuten lässt, dass wir etwas erreichen sollten, was uns verborgen ist, aber fest definiert scheint. Doch da wir niemals wissen werden, was das wahre, das unwahre, das geheilte oder das ganze Selbst ist und das

Selbst an sich nicht statisch ist, können wir diese Zielformulierung getrost streichen und uns viel Mühe ersparen. Wenn das Leben an sich dynamisch ist, dann sind wir es ebenso, und genauso sollte unsere innere Haltung zu uns selbst sein. Es liegt in unserer Hand.

Du bist am Ende des Buches angelangt, und ich danke dir für die Zeit, die du damit verbracht hast. Gleichzeitig stehst du in jedem Moment vor neuen Anfängen, und damit wünsche ich dir, dass du dir Raum schenkst, dir zu begegnen. Dass du Annahmen über dich und die Welt hinterfragst und der Kern in dir dich zu den Antworten leitet, nach denen du suchst. Denn wenn du dir mit irgendetwas auf der Welt sicher sein solltest, dann mit dir selbst. Ich wünsche dir, dass du Menschen triffst, die dich berühren und dich wachsen lassen. Die dich durch neue Sichtweisen inspirieren und dir Mut und Einsicht schenken. Ich hoffe, dass du immer wieder den Blick für alles Schöne suchst. Fordere deine Erwartungen, Fähigkeiten und das Leben heraus und finde, was dich sanft werden lässt.

Danke

Danke an meine Eltern und meine großartige Oma. Jeden Samen habt ihr gepflanzt. Jedes Pflänzchen habt ihr gegossen. Eure Liebe bringt mich zum Erblühen. Ihr seid mehr, als ich mir je wünschen könnte.

Felix. Ohne dich wäre ich nicht, wer ich bin. Ohne dich bin ich, wer ich bin. Für immer wir.

Für Stefan. Danke für deine Liebe, dein Herz und deine Unterstützung, mit der du mir so vieles ermöglicht hast. Du hast mir in meinem Leben oft Hoffnung gegeben, als sie mir fehlte.

Danke auch an diese Menschen, die ein wichtiger Teil meines Lebens sind: Alex, danke für deine Unterstützung. Sandra, danke für deine Wahrhaftigkeit. Siw, danke für den Mut, den du mir gegeben hast. Sarvy, danke für dein Herz. Siw, danke für den Mut, den du mir gegeben hast. Danke an Merle, Mareike, Sanni, Miriam, Timo und Markus, ihr seid Gold wert. André, du bist ein Kind des Universums. Danke für deine Sicht auf das Leben.

Ein besonderer Dank gilt den Menschen, mit denen ich arbeite und bereits gearbeitet habe und die mir viele Einsichten auf das Leben geben. Durch euch erfahre ich Unterstützung und Wissen über das, was mich am meisten interessiert. Dank euch darf ich über das schreiben, was mir am Herzen liegt.

Vielen Dank an Dr. Svenja Borchers für den wertvollen Beitrag zum Thema Körperbild sowie deinem emotionalen Support. Ich bin immer wieder beeindruckt von so viel Demut, Disziplin und Hingabe zu Embodiment und neurozentriertem Yoga, das vielen Menschen sehr hilft.

Ein großer Dank an Dr. Daniela Blickhan, an Dr. Judith Mangelsdorf für ihre Arbeit zur Positiven Psychologie und zum Coaching in Deutschland.

Ein großer Dank an Inga Heckmann von Penguin Random House Verlagsgruppe für deine Entschlossenheit, für das, was du in mir sehen konntest und für den Raum zur Entwicklung, den du mir damit geboten hast. Ich hatte noch nie eine Redakteurin, aber ich bin mir sicher, dass du die Beste bist, die es gibt. Deine Herzlichkeit und Hingabe werden mir ein Beispiel sein.

Ich danke meiner Lektorin Ulrike Schöber, die viel Arbeit in meine Arbeit gesteckt hat und deren Kommentare mich manches Mal zum Lachen gebracht haben und vor allem das Buch zu dem machten, was es ist.

Literatur und Quellen

Adler, Alfred: Gesammelte Werke. Anaconda Verlag 2020

Auer, Hansjörg, Hirtler-Rieger, Gesine, Ramsauer, Erika, Ruhland, Silvia: 77 Impulse und Methoden Biografiearbeit – Mutmacher für ein Leben in Vielfalt und Wertschätzung. Beltz Juventa 2020

Blickhan, Daniela: Positive Psychologie – Ein Handbuch für die Praxis. Junfermann Verlag 2018

Blickhan, Daniela: Positive Psychologie und Coaching – Von der Lösungs- zur Wachstumsorientierung. Junfermann Verlag 2021

Borchers, Dr. Svenja: Der Yoga-Effekt: Für die achtsame Vernetzung von Körper, Gehirn und Geist – Resilienter, gelassener und flexibler mit dem intelligenten Bewegungsprogramm. Irisiana 2022

Brewer, Judson: Raus aus der Angstspirale – Frei von Grübelattacken und Sorgen mithilfe von Achtsamkeit und Neurowissenschaft. Irisiana 2022

Brown, Brené: Entdecke deine innere Stärke – Wahre Heimat in dir selbst und Verbundenheit mit anderen finden. Kailash 2018

Charf, Dami: Auch alte Wunden können heilen: Wie Verletzungen aus der Kindheit unser Leben bestimmen und wir dennoch Frieden in uns selbst finden können. Kösel-Verlag 2018

Corssen, Jens: Der Selbst-Entwickler: Das Corssen Seminar. Beust Verlag 2004

Deb, Dana: Der Vagus-Nerv als innerer Anker: Angst und Panik überwinden, Ruhe und Stärke finden. Übungen zum Aktivieren der Selbstheilungskräfte. Kösel-Verlag 2022

Dweck, Carol: Mindset. Changing The Way You think To Fulfil Your Potential. Robinson 2017

Dweck, Carol: Selbstbild. Wie unser Denken Erfolge oder Niederlagen bewirkt. Selbstbewusstsein und Selbstwertgefühl stärken. Piper 2017

Engelmann, Bea: Therapie-Tools Positive Psychologie. Achtsamkeit, Glück, Mut. Beltz Verlag 2012

Frankl, Viktor E.: Der Wille zum Sinn. Hogrefe Verlag 2012

Fredrickson, Barbara: Die Macht der guten Gefühle. Wie eine positive Haltung Ihr Leben dauerhaft verändert. Campus Verlag 2011

Germer, Christopher, Neff, Kristin: Achtsames Selbstmitgefühl unterrichten. Das Handbuch für die professionelle Arbeit. Arbor Verlag 2021

Green, Suzy, Palmer, Stephen: Positive Psychology Coaching in Practice. Routledge 2018

Hausler, Melanie: Glückliche Kängurus springen höher. Impulse aus Glücksforschung und Positiver Psychologie. Junfermann Verlag 2019

Hausler, Melanie: Therapie-Tools Wohlbefindenstherapie. Beltz Verlag 2022

Hudson, Frederic P., McLean, Pamela D.: Heute beginnt Ihr neues Leben. mvg Verlag 2001

Kuhl, J., Beckmann, J.: Volition and personality. Action versus state orientation, Hogrefe-Verlag 1994

Luna, Elle, Herrick, Susie: Your Story is your power. Free your feminine voice. Workman Publishing Company 2018

Mackesy, Charlie: Der Junge, der Maulwurf, der Fuchs und das Pferd. List 2020

Mangelsdorf, Judith: Positive Psychologie im Coaching. Positive Coaching für Coaches, Berater und Therapeuten. Springer Sachmedien Wiesbaden GmbH 2020

Neff, Kristin, Germer, Christopher: Selbstmitgefühl. Das Übungsbuch – Ein bewährter Weg zu Selbstakzeptanz, innerer Stärke und Freundschaft mit sich selbst. Arbor Verlag 2019

Neff, Kristin: Selbstmitgefühl – Wie wir uns mit unseren Schwächen versöhnen und uns selbst der beste Freund werden. Kailash 2012

Niemiec, Ryan M.: Charakterstärken – Trainings und Interventionen für die Praxis. Hogrefe 2019

Potreck-Rose, Friederike, Jacob, Gitta: Selbstzuwendung, Selbstakzeptanz, Selbstvertrauen – Psychotherapeutische Interventionen zum Aufbau von Selbstwertgefühl. Klett-Cotta Verlag 2007

Rost, Christine: Ressourcenarbeit mit EMDR – Vom Überleben zum Leben. Bewährte Techniken im Überblick: Junfermann Verlag 2014

Roth, Gerhard, Ryba, Alica: Coaching, Beratung und Gehirn – Neurobiologische Grundlagen wirksamer Veränderungskonzepte. Klett-Cotta 2016

Schwier, Maike, Sohr, Sven: Mit einem Lächeln – 100 Übungen zur positiven Psychologie. Junfermann Verlag 2021

Seligman, Martin E.P.: Pessimisten küsst man nicht. Optimismus kann man lernen, Droemer Knaur 2001

Seligman, Martin: Wie wir aufblühen – Die fünf Säulen des persönlichen Wohlbefindens. Goldmann Verlag 2015

Stahl, Stefanie: Wer wir sind. Wie wir wahrnehmen, fühlen und lieben. Kailash Verlag 2022

Thoreau, Henry David: Walden oder Leben in den Wäldern. LIWI Verlag 2020

Ulsamer, Bertold: Wie Sie alte Wunden allein heilen und neue Kraft schöpfen: Familienaufstellung ohne Stellvertreter. Ein Selbsthilfebuch mit CD. Kösel-Verlag; 7. Edition, 2010

Links

Test 24 Charakterstärken:
www.viacharacter.org (englischsprachig)
www.charakterstaerken.org (deutschsprachig)